図解 心理学

THE VISUAL DICTIONARY OF PSYCHOLOGY

用語大全

人物と用語でたどる心の学問

誠文堂新光社

図解 心理学用語大全

心理学者名鑑

心理学用語図鑑

心理学の誕生

行動主義

ゲシュタルト心理学

人間関係の心理学

社会心理学

性格の心理学

本書の使い方

本書は、「心理学者名鑑」と「心理学用語図鑑」の2つのパートで構成されています。
「心理学者名鑑」のパートでは、次の「心理学用語図鑑」のパートで図解される用語と関係の深い、96名の人物が紹介されています。
「心理学用語図鑑」は、本書のメインとなるパートで、150以上の主要な心理学用語が図解されています。このパートから読み始めると良いで

心理学者名鑑

「心理学用語図鑑」のパートで図解される用語と関係の深い人物を紹介しています

人物
本書で図解される用語と関係の深い心理学者96名のイラストです

エリア
出身地など、この心理学者と関係の深いエリアです

プロフィール
この心理学者のプロフィールを紹介しています

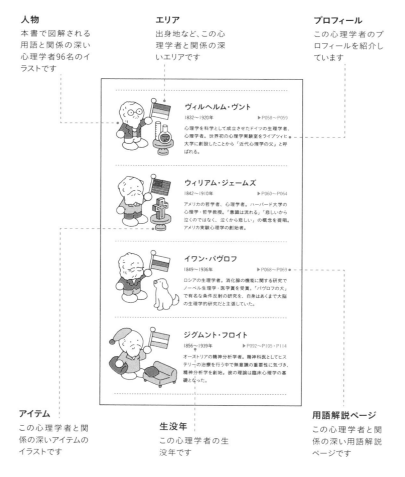

ヴィルヘルム・ヴント
1832〜1920年　▶P058〜P059
心理学を科学として成立させたドイツの生理学者、心理学者。世界初の心理学実験室をライプツィヒ大学に創設したことから「近代心理学の父」と呼ばれる。

ウィリアム・ジェームズ
1842〜1910年　▶P060〜P064
アメリカの哲学者、心理学者。ハーバード大学の心理学・哲学教授。「意識は流れる」「悲しいから泣くのではなく、泣くから悲しい」の概念を提唱。アメリカ実験心理学の創始者。

イワン・パヴロフ
1849〜1936年　▶P068〜P069
ロシアの生理学者。消化腺の機能に関する研究でノーベル生理学・医学賞を受賞。「パヴロフの犬」で有名な条件反射の研究を、自身はあくまで大脳の生理学的研究だと主張していた。

ジグムント・フロイト
1856〜1939年　▶P092〜P105・P114
オーストリアの精神分析学者。精神科医としてヒステリーの治療を行う中で無意識の重要性に気づき、精神分析学を創始。彼の理論は臨床心理学の基礎となった。

アイテム
この心理学者と関係の深いアイテムのイラストです

生没年
この心理学者の生没年です

用語解説ページ
この心理学者と関係の深い用語解説ページです

しょう。このパートは「心理学の誕生」から「性格の心理学」まで、10の章に分けられています。「心理学の誕生」から順に読んでいくと、心理学の歴史がどのような変化をとげて現在に至ったのか、大まかな流れを理解することができます。また、前のほうのページで解説された用語は、後のほうの解説で使われますので、初めから見ていくとストレスなくページをめくることができます。

心理学用語図鑑
本書のメインとなるパートです。このパートから読み始めるのがおすすめ！

関連人物紹介ページ
タイトル用語と関係の深い人物を紹介しているページです

関連人物
タイトル用語と関係の深い心理学者のイラストです

タイトル用語
150以上の主要な心理学用語を紹介しています

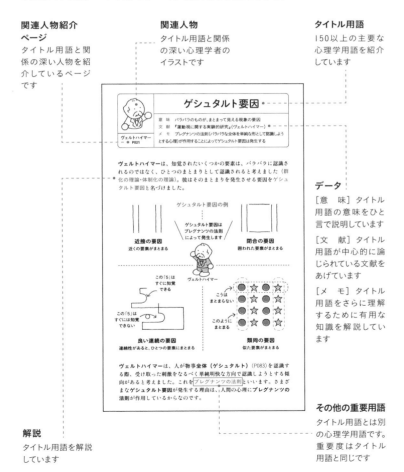

データ
[意　味] タイトル用語の意味をひと言で説明しています

[文　献] タイトル用語が中心的に論じられている文献をあげています

[メ　モ] タイトル用語をさらに理解するために有用な知識を解説しています

解説
タイトル用語を解説しています

その他の重要用語
タイトル用語とは別の心理学用語です。重要度はタイトル用語と同じです

心理学者名鑑

ヒポクラテス

B.C.460?〜B.C.370?年　　　　　　▶P052・P274

古代ギリシャの医師。健康と病気を自然現象と捉え、医療から呪術や宗教を切り離し、科学に基づく医学の基礎をつくった。「医聖」や「医学の祖」などと称されている。

プラトン

B.C.427?〜B.C.347?年　　　　　　▶P050〜P051

古代ギリシャの哲学者。アテネの名家の生まれでソクラテスに学んだ。彼の哲学は、真の実在をイデアに求めるイデア論が中心となっている。人間の魂は理性・意志・欲望の3つからなると考えた。

ガレノス

129?〜200?年　　　　　　　　　　▶P052

ローマ帝国時代のギリシャの医学者。第16代ローマ皇帝マルクス・アウレリウスの典医を務めた。体液のバランスで気質（性格）が決まるとする四気質説を提唱。

ルネ・デカルト

1596〜1650年　　　　　　　　　　▶P053〜P054

フランスの哲学者。「我思う、故に我あり」の言葉で有名。真理の追究を信仰ではなく、方法的懐疑という理性的な方法に求めようとした。『情念論』で感情を「喜び」「悲しみ」などに分類している。

ジョン・ロック

1632〜1704年 ▶P055

イギリスの哲学者。「イギリス経験論の父」と呼ばれる。心はもともと白紙であり、すべての「観念」は生まれつきではなく、経験によって獲得されるとし、教育の重要性を唱えた。

イマヌエル・カント

1724〜1804年 ▶P058

ドイツの哲学者。出身は旧東プロイセンのケーニヒスベルク。イギリスの経験論を取り入れた認識論を唱え、後の西洋哲学に大きな影響を及ぼした。「コペルニクス的転回」という言葉も有名。

グスタフ・フェヒナー

1801〜1887年 ▶P057

ドイツの物理学者、心理学者。身体と精神の関係性に着目した「精神物理学」を創始し、科学としての心理学が成立する基礎を築いた。「フェヒナーの法則」でよく知られる。

フランシス・ゴルトン

1822〜1911年 ▶P056

イギリスの人類遺伝学者、生物統計学者。心理学に統計学を取り入れたひとり。進化論で知られるダーウィンの従弟。性格や知能における遺伝と環境の影響を知るための双生児研究法を開発した。

ヴィルヘルム・ヴント

1832〜1920年　　　　　　　　▶P058〜P059

心理学を科学として成立させたドイツの生理学者、心理学者。世界初の心理学実験室をライプツィヒ大学に創設したことから「近代心理学の父」と呼ばれる。

ウィリアム・ジェームズ

1842〜1910年　　　　　　　　▶P060〜P064

アメリカの哲学者、心理学者。ハーバード大学の心理学・哲学教授。「意識は流れる」「悲しいから泣くのではなく、泣くから悲しい」の概念を提唱。アメリカ実験心理学の創始者。

イワン・パヴロフ

1849〜1936年　　　　　　　　▶P068〜P069

ロシアの生理学者。消化腺の機能に関する研究でノーベル生理学・医学賞を受賞。「パヴロフの犬」で有名な条件反射の研究を、自身はあくまで大脳の生理学的研究だと主張していた。

ジグムント・フロイト

1856〜1939年　　　　　　　　▶P092〜P105・P114

オーストリアの精神分析学者。精神科医としてヒステリーの治療を行う中で無意識の重要性に気づき、精神分析学を創始。彼の理論は臨床心理学の基礎となった。

アルフレッド・ビネー

1857〜1911年　　　　　　　　　　▶P065

ソルボンヌ大学に心理学実験室を創設したフランスの心理学者。医師シモンの協力のもとで知能検査を開発し、のちに「精神年齢」という概念を提唱した。

エミール・デュルケーム

1858〜1917年　　　　　　　　▶P228〜P232

フランスの社会学者。パリの高等師範学校を卒業後、ドイツで社会学等を学ぶ。ソルボンヌ大学の教授を務め、実証的方法にもとづく社会学の確立に寄与した。自殺を4分類した『自殺論』でも有名。

マクシミリアン・リンゲルマン

1861〜1931年　　　　　　　　　　▶P258

フランスの農学者。綱引きをする人の数が増えるにつれて、個人の力の量が低下することを突き止めた。これを「リンゲルマン効果」あるいは「社会的手抜き」という。

チャールズ・E・スピアマン

1863〜1945年　　　　　　　　　　▶P164

イギリスの心理学者。ライプツィヒ大学でヴントに学び、博士号を取得。ロンドン大学の教授を務めた。知能研究に相関係数を導入し、因子分析的研究の基礎をつくった。

アルフレッド・アドラー

1870〜1937年　　　　　　　　▶P116〜P123

オーストリアの精神分析学者。フロイトと共同研究を行うもリビドーを重視するフロイトの理論に異を唱えて離脱。劣等コンプレックスを重視し、のちに個人心理学（アドラー心理学）を創始した。

エドワード・L・ソーンダイク

1874〜1949年　　　　　　　　▶P070〜P071・P192

アメリカの心理学者。ハーバード大学でジェームズに学んだあと、コロンビア大学に移った。同大学で、猫を使った有名な「問題箱実験」を行い、「効果の法則」を提唱した。

カール・ユング

1875〜1961年　　　　　　　　▶P106〜P111

スイスの精神分析学者。一時フロイトと共同研究を行っていたが意見の違いにより決別。彼が創始した分析心理学の概念は、人類の無意識を扱い、人類学や民俗学などにも影響を与えた。

ジョン・B・ワトソン

1878〜1958年　　　　　　　　▶P072〜P073

アメリカの行動主義心理学の創始者。シカゴ大学で心理学、生理学、神経学を学んだ。学習におけるS-R理論などの研究で科学的心理学を方向づけた。

マックス・ヴェルトハイマー

1880〜1943年　　　　　　　　　▶P082〜P086

ドイツの心理学者。認知心理学の基礎となるゲシュタルト心理学の創設者のひとり。その実証として、フランクフルト大学で仮現運動の知覚実験を行った。ナチスによる迫害を受けて渡米している。

エドゥアルト・シュプランガー

1882〜1963年　　　　　　　　　▶P278

ドイツの哲学者、心理学者、教育学者。ベルリン大学でW・ディルタイから哲学を学び、文化哲学や教育学の分野で活躍した。心理学においては価値観の研究で有名。

ヘルマン・ロールシャッハ

1884〜1922年　　　　　　　　　▶P284〜P285

スイスの精神医学者。芸術家を志していたが進路を変更し、チューリッヒ大学で精神医学を学んだ。インクのしみの見え方から性格や深層心理を探るロールシャッハ・テストの開発者。

エドガー・ルビン

1886〜1951年　　　　　　　　　▶P087

デンマークの心理学者。心理学関連の有名な図形「ルビンの壺」を考案した。彼の「図と地」の研究は、のちにゲシュタルト心理学や認知心理学の重要概念として取り入れられた。

エドワード・トールマン

1886〜1959年 ▶P076〜P077

アメリカの心理学者。MITで学位を取得後、ハーバード大学大学院で哲学と心理学を学ぶ。カリフォルニア大学教授。彼の目的的行動主義はレヴィン（ゲシュタルト心理学）の影響を受けている。

フレデリック・C・バートレット

1886〜1969年 ▶P154〜P155

イギリスの心理学者。ケンブリッジ大学で心理学を学び、のちに同大学の教授となった。記憶の社会的影響や、記憶の減衰説および変容説の実験的研究で知られる。

ルイス・L・サーストン

1887〜1955年 ▶P165

アメリカの心理学者。コーネル大学で工学を学び、T・エジソンの助手を経て、シカゴ大学大学院で心理学を学んだ。知能の多因子説やそれを算出する心理統計法である多因子分析法を開発した。

ヴォルフガング・ケーラー

1887〜1967年 ▶P089

ドイツの心理学者（出身はエストニア）。ゲシュタルト心理学の創設者のひとり。試行錯誤によって学習するネズミなどとは違い、類人猿は試行錯誤によらない洞察学習をすることを実験で証明した。

エルンスト・クレッチマー

1888〜1964年 ▶P276

ドイツの精神病理学者。チュービンゲン大学で精神医学および神経医学の教授を務めた。体格と性格の関連性を研究した性格類型論を提唱したことで知られる。

クルト・レヴィン

1890〜1947年 ▶P088・P218〜P227

アメリカで活動した心理学者（ドイツ出身）。ベルリン大学助手時代にゲシュタルト心理学の影響を受ける。アメリカに亡命後、グループダイナミクスを研究。「場の理論」の提唱、リーダーシップの実験などで有名。

フレデリック・S・パールズ

1893〜1970年 ▶P124〜P125

「今、ここ」を重視するゲシュタルト療法を創始したドイツ系ユダヤ人の精神分析医。ベルリン大学で医学を学んだあと、ナチスによる迫害から逃れるためオランダへ逃亡し、その後アメリカへ渡った。

アンナ・フロイト

1895〜1982年 ▶P100〜P101

イギリスの精神分析学者（ウィーン出身）。ジグムント・フロイトの末娘で、児童精神分析の開拓者。父から学んだ精神分析の自我防衛機制理論を発展させ、自我心理学の確立に貢献した。

ジャン・ピアジェ

1896〜1980年　　　　　　　　　▶P160〜P163

スイスの心理学者。ヌーシャテル大学で動物学の
学位を取得後、ローザンヌ大学などで心理学を学
んだ。子どもの思考に関する認知発達理論は後世
に大きな影響を与えた。

フリッツ・ハイダー

1896〜1988年　　　　　　　　　▶P187

アメリカで活動した社会心理学者（オーストリア出
身）。ベルリン大学でヴェルトハイマーらの影響を
受け、渡米後カンザス大学で教授を務めた。バラ
ンス理論や帰属理論で知られる。

ゴードン・W・オルポート

1897〜1967年　　　　　　　　　▶P274〜P275

アメリカの心理学者。ハーバード大学で博士号を
取得し、同大学の教授を務めた。パーソナリティ
の研究に貢献し、辞書から性格に関する用語を収
集し、性格特性論の概念を提唱した。

ジョイ・P・ギルフォード

1897〜1987年　　　　　　　　　▶P166

アメリカの心理学者。コーネル大学でティチェナー
に学び、学位を取得。精神測定学会会長、アメリ
カ心理学会会長などを務めた。知能の構造モデル
や精神測定法の研究で知られる。

ウィリアム・H・シェルドン

1898〜1977年　　　　　　　　　　▶P277

アメリカの心理学者。シカゴ大学で心理学と医学の学位を取得。シカゴ大学教授やコロンビア大学体質研究所の所長を務めた。測定や調査に基づいた体格と性格に関する類型論的研究で有名。

エーリヒ・フロム

1900〜1980年　　　　　　　▶P242〜P245

ドイツ出身の社会心理学者。ハイデルベルク大学で社会学や心理学を学ぶ。ナチスによる迫害から逃れて渡米した。精神分析の考え方を社会学に応用し、社会的性格の概念を提唱した。

グレゴリー・ラズラン

1901〜1973年　　　　　　　　　　▶P212

アメリカの心理学者。ロシア帝国の都市スウツク近郊の村出身で、1920年にアメリカに移住し、コロンビア大学で博士号を取得した。対人関係をよくするランチョン・テクニックを開発した。

カール・ロジャーズ

1902〜1987年　　　　　　　▶P126〜P131

カウンセリングにおける非指示的療法やクライエント中心療法を創始したアメリカの心理学者。最初ウィスコンシン大学で農学を学び、その後コロンビア大学大学院で教育心理学と臨床心理学を学んだ。

エリク・H・エリクソン

1902〜1994年　　　　　　　　　▶P168〜P172

アメリカの精神分析学者（ドイツ出身）。画家を目
指したあと、ウィーン精神分析研究所で分析家の
資格を取得。渡米後、自我の発達課題の研究で
青年期の自我同一性危機の概念を提唱した。

セオドア・ニューカム

1903〜1984年　　　　　　　　　▶P193

ミシガン大学で教授を務めたアメリカの社会心理
学者。女子学生の態度の変化を研究した「ベニン
トン・カレッジ調査」や、対人関係における相互
作用を説明する「A-B-X モデル」の提唱で有名。

コンラート・ローレンツ

1903〜1989年　　　　　　　　　▶P174

オーストリアの動物学者。ウィーン大学医学部で
医師の資格を得たあと、同大学で動物学を学び、
比較行動学を提唱。攻撃や刷り込みに関する研究
が有名。ノーベル生理学・医学賞を受賞。

B・F・スキナー

1904〜1990年　　　　　　　　　▶P074〜P075

スキナー箱を使った実験でオペラント条件づけを
理論化したアメリカの心理学者。行動分析学の創
始者とも呼ばれ、プログラム学習の発展などにも
影響を与えた。

ハリー・F・ハーロウ

1905〜1981年 ▶P175

アメリカの心理学者。スタンフォード大学で学位を取得したあと、ウィスコンシン大学心理学教授の職に就く。代理母実験などのサルを用いたスキンシップと愛情の研究で知られる。

レイモンド・キャッテル

1905〜1998年 ▶P167・P280

イギリス出身の心理学者。ロンドン大学で心理学の博士号を取得。渡米後はクラーク大学、ハーバード大学、イリノイ大学の教授を務めた。流動性知能と結晶性知能の発見や16特性因子論で有名。

ジョン・ボウルビィ

1907〜1990年 ▶P176〜P177

イギリスの児童精神分析学者、精神医学者。WHOの精神衛生顧問も務めた。孤児院など施設で暮らす子どもたちの精神衛生問題を研究し、母性的養育の重要性と愛着の概念を提唱した。

ソロモン・アッシュ

1907〜1996年 ▶P236〜P239

アメリカで活動した社会心理学者（ポーランド出身）。ケーラーとの共同研究の経験もあり、ゲシュタルト心理学から強い影響を受ける。印象形成や同調行動など実験社会心理学の研究で知られる。

ソウル・ローゼンツヴァイク

1907〜2004年　　　　　　　　▶P282〜P283

アメリカの心理学者。ハーバード大学を首席で卒業し、同大学で博士号を取得。フラストレーションに対する反応で性格を分析するP-Fスタディを開発した。

アブラハム・H・マズロー

1908〜1970年　　　　　　　　▶P288〜P291

アメリカの心理学者。ブランダイス大学教授やアメリカ心理学会会長を務めた。彼が提唱した欲求階層説や自己実現理論は、人間性心理学として、経営学など他分野でも言及されている。

ロバート・R・シアーズ

1908〜1989年　　　　　　　　　　▶P173

アメリカの心理学者。エール大学大学院で学位を取得。アイオワ大学児童福祉研究部の管理職などを務めた。幼児の母親への愛情は飢餓動因の充足により成立するとした。

ジョージ・C・ホーマンズ

1910〜1989年　　　　　　　　▶P254〜P255

アメリカの社会学者。ハーバード大学英米文学科を卒業。就職浪人中に科学史家ヘンダーソン主宰の社会学ゼミに参加したのをきっかけに、社会学者の道を歩んだ。社会的交換理論の提唱者。

ロバート・キング・マートン

1910〜2003年　　　　　　　▶P246〜P247

アメリカの社会学者。コロンビア大学教授を務めた。マス・コミュニケーション理論の研究などで知られる。また準拠集団や予言の自己成就など、社会学の理論的発展に貢献した。

アルバート・エリス

1913〜2007年　　　　　　　▶P132〜P133

アメリカの臨床心理学者。コロンビア大学で臨床心理学の博士号を取得。時間のかかる精神分析に異議を唱え、短期間の治療（ブリーフ・セラピー）を目指す論理療法（ABC理論）を開発した。

コリン・チェリー

1914〜1979年　　　　　　　　　▶P146

イギリスの認知心理学者。「カクテルパーティ効果」を提唱し、左右それぞれの耳に異なる言葉を聞かせながら片方の耳に注意を向けさせる「両耳分離聴」の実験で知られる。

バートラム・フォア

1914〜2000年　　　　　　　▶P286〜P287

アメリカの心理学者。UCLAで心理学の博士号を取得。ロサンゼルスの退役軍人クリニックに勤めた。占いが当たる心理、バーナム効果（フォアラー効果）の実験で知られる。

エドワード・T・ホール

1914～2009年 ▶P204

アメリカの文化人類学者。コロンビア大学で博士号を取得。ノースウェスタン大学等で教授を務めた。パーソナルスペースの研究で知られる。非言語的コミュニケーションの研究に大きな影響を与えた。

ジョセフ・ウォルピ

1915～1997年 ▶P078

南アフリカ出身の精神科医。第二次世界大戦で軍医として兵役につき、神経症に苦しむ兵士たちを診た。行動療法の系統的脱感作（法）を提唱したことで有名。

ハンス・J・アイゼンク

1916～1997年 ▶P279

イギリスの性格心理学者（ドイツ出身）。ロンドン大学で心理学教授や、モーズリー病院の精神医学部心理学研究室の部長を務めた。性格検査であるMPIの開発者として有名。

ヘンリ・タジフェル

1919～1982年 ▶P261～P263

ポーランド出身の社会心理学者。第二次世界大戦中にナチスに捕らえられ5年間収容所生活を送り、解放後に心理学を学ぶ。のちにブリストル大学教授を務めた。社会的アイデンティティ概念の提唱者。

レオン・フェスティンガー

1919～1989年　　　　　　　▶P194～P195

アメリカの社会心理学の第一人者。アイオワ大学でレヴィンに学び、博士号を取得。ミネソタ大学、スタンフォード大学などで教授を務めた。認知的不協和理論の提唱者として有名。

バーナード・スティンザー

1920～2010年　　　　　　　▶P214～P215

アメリカの社会心理学者。1950年に『Journal of abnormal and social psychology』に発表した、会議における座席の取り方とその場の人間関係を法則化した「スティンザーの3原則」が有名。

ジョージ・アーミテージ・ミラー

1920～2012年　　　　　　　▶P138～P143

アメリカの認知心理学者。ハーバード大学などで教授を務める。言語認識やコミュニケーション理論等が専門。人の記憶量についてのマジカルナンバー7が有名。

アーロン・ベック

1921年～　　　　　　　　　▶P134～P135

アメリカの精神科医。うつ病患者の認知的歪みを修正する「認知療法」の創始者。抑うつ症状の重症度を診断する「ベック抑うつ尺度（BDI）」の開発でも知られる。

アーヴィング・ゴッフマン

1922〜1982年　　　　　　　　▶P250〜P253

アメリカの社会学者（カナダ出身）。シカゴ大学で
博士号を取得。社会的な役割行動を演劇と比較
して考えるドラマツルギーの手法を提唱。アメリカ
社会学会会長も務めた。

フレッド・E・フィードラー

1922年〜2017年　　　　　　　　▶P198

アメリカで活動した心理学者（オーストリア出身）。
シカゴ大学の大学院で心理学を学ぶ。のちにワシ
ントン大学で教授も務めた。リーダーシップ状況
対応理論の提唱者。

ロバート・B・ザイアンス

1923〜2008年　　　　　　　　▶P233〜P235

アメリカで活動した社会心理学者（ポーランド出
身）。渡米後に入学したミシガン大学を卒業後、
長く同大学の教授を務めた。好意の単純接触効
果の研究で有名。

デヴィッド・キプニス

1924〜1999年　　　　　　　　▶P199

アメリカの社会心理学者。シラキュース大学を卒
業後、ニューヨーク大学で博士号を取得。その後
テンプル大学の教授を務めた。権力の堕落など人
と権限に関する研究で知られる。

アーノルド・H・バス

1924年〜 ▶P186

アメリカの社会心理学者。インディアナ大学で博士号を取得。アイオワ大学やピッツバーグ大学で教授を務める。攻撃性の研究や、自己意識の研究で知られる。

セルジュ・モスコヴィッシ

1925〜2014年 ▶P256〜P257

フランスで活動した社会心理学者（ルーマニア出身）。フランスに亡命して心理学の学士号を取得。パリの社会科学高等研究院教授。集団におけるマイノリティ・インフルエンスの実験で有名。

アルバート・バンデューラ

1925年〜 ▶P180〜P181

カナダ出身の心理学者。アイオワ大学で博士号を取得。スタンフォード大学の心理学教授を長く務めた。観察学習（モデリング）の概念や、自己効力感についての理論を提唱したことで知られる。

ノーマン・H・アンダーソン

1925年〜 ▶P240〜P241

アメリカの認知心理学者。シカゴ大学で博士号を取得した。UCLA の教授を務める。最後に示された情報が人に強く影響を与えるとした新近効果を発表したことで有名。

ドナルド・ブロードベント

1926～1993年　　　　　　　　　▶P144～P145

イギリスの認知心理学者。17歳で英国空軍に入隊してパイロットの訓練を受けたあと、ケンブリッジ大学で心理学を学ぶ。空軍での経験を活かした知覚の選択的注意の研究で有名。

エドワード・E・ジョーンズ

1926～1993年　　　　　　　　　▶P191

アメリカの社会心理学者。陸軍で学んだ日本語を駆使して、日本で通訳を務めた後、ハーバード大学で学位を取得。プリンストン大学の教授も務めた。取り入りなど、他人に対する戦略的自己呈示の研究で有名。

エンデル・タルヴィング

1927年～　　　　　　　　　　　▶P147

カナダの心理学者（エストニア出身）。トロント大学卒業後、ハーバード大学で博士号を取得。記憶研究の世界的権威で、トロント学派（記憶研究の集団）主宰。エピソード記憶の提唱者である。

ジャック・W・ブレーム

1928～2009年　　　　　　　　　▶P200～P201

アメリカの社会心理学者。ハーバード大学卒業後、ミネソタ大学大学院でフェスティンガーとともに学び、博士号を取得。自由への反発としての心理的リアクタンスの研究で知られる。

ノーム・チョムスキー

1928年〜 ▶P182〜P183

アメリカの言語学者。ペンシルベニア大学大学院で言語学の博士号を取得した。MITの言語・心理学部教授を務めた。生成文法理論を提唱した言語学の世界的権威である。

ハワード・ベッカー

1928年〜 ▶P248〜P249

アメリカの社会学者。ラベリング理論で有名。マリファナ使用者やミュージシャンなどの生態を調査し、彼らが社会から「逸脱者」というレッテルを貼られていく過程を研究した。

バーナード・I・マースタイン

1929年〜 ▶P206

アメリカの心理学者、精神療法医（ポーランド出身）。テキサス大学で博士号を取得。心療クリニックの勤務経験を経て、コネチカット大学の教授を務める。恋愛プロセスのSVR理論で有名。

ルイス・R・ゴールドバーグ

1932年〜 ▶P281

アメリカの心理学者。ミシガン大学で心理学の博士号を取得。オレゴン大学の心理学名誉教授。性格特性論で主流になってきているビッグ・ファイブ（5大因子）理論の提唱者のひとり。

スタンレー・ミルグラム

1933～1984年 ▶P264～P268

アメリカの社会心理学者。ジンバルドーは高校時代の同級生。ハーバード大学でアッシュとともに学び、オルポートの指導を受けた。権威への服従実験（ミルグラム実験）で有名。

ロバート・ローゼンタール

1933年～ ▶P202～P203

アメリカの教育心理学者。ノースダコタ大学を経て、ハーバード大学で教授を務めた。コミュニケーションの研究などで知られる。小学校でピグマリオン効果の実験を行っている。

フィリップ・ジンバルドー

1933年～ ▶P269～P271

アメリカの社会心理学者。エール大学で博士号を取得し、のちにスタンフォード大学の教授となる。アメリカ心理学会の会長も務めた。スタンフォード監獄実験やシャイネス（内気）の研究で知られる。

ダニエル・カーネマン

1934年～ ▶P156～P157

アメリカの心理学者、行動経済学者（イスラエル出身）。カリフォルニア大学バークレー校で博士号を取得。購買行動の意思決定を理論化したプロスペクト理論で知られ、ノーベル経済学賞を受賞した。

ビブ・ラタネ

1937年〜 ▶P258〜P260

アメリカの社会心理学者。ミネソタ大学で博士号を取得した。オハイオ州立大学、ノースカロライナ大学などで教授を歴任。援助行動の実験をすることで、傍観者効果などの研究をした。

アルバート・メラビアン

1939年〜 ▶P207

アメリカの心理学者（アルメニア系アメリカ人）。UCLA 心理学名誉教授。非言語コミュニケーションの研究や、印象形成の法則であるメラビアンの法則で有名。

心理学者名鑑

エイブラハム・テッサー

1941年〜 ▶P196〜P197

アメリカの社会心理学者。パデュー大学で社会心理学の博士号を取得した。ジョージア大学名誉教授。自己評価維持（SEM）モデルを提唱したことで知られる。

エドワード・L・デシ

1942年〜 ▶P178〜P179

アメリカの心理学者。カーネギーメロン大学で博士号を取得。ロチェスター大学の心理学教授を務める。報酬と内発的動機づけの関係についての研究で有名。

レノア・E・ウォーカー

1942年〜 ▶P205

アメリカの心理学者。ニュージャージー州立大学
ラトガーズ校で博士号を取得。ノバ・サウスイー
スタン大学教授。DV（夫や恋人からの暴力など）
研究の第一人者として知られる。

ミッシェル・ロス

1944年〜 ▶P188

アメリカで活動する社会心理学者。ノースカロライナ
大学で社会心理学の博士号を取得し、ウォーター
ルー大学教授を務める。集団に対して自分の貢献を
大きく評価する認知や、自己概念などを研究している。

エリザベス・ロフタス

1944年〜 ▶P148〜P151

アメリカの認知心理学者。カリフォルニア大学で数
学と心理学を学び、スタンフォード大学で心理学
の博士号を取得。犯罪の目撃証言における虚偽
記憶の研究で知られる。

ロバート・B・チャルディーニ

1945年〜 ▶P208〜P211

アメリカの社会心理学者。ノースカロライナ大学で
博士号を取得した。アリゾナ州立大学名誉教授。
セールスマンの説得手法などを参考にした対人影
響過程の研究で有名。

アーサー・アロン

1945年〜 ▶P213

アメリカで活動する社会心理学者。ニューヨーク州立大学教授。対人魅力の研究や、他者との親密な関わりで自分の世界が広がると高揚感を覚えるという「自己拡張理論」の提唱で知られる。

マーク・スナイダー

1947年〜 ▶P190

アメリカの社会心理学者。スタンフォード大学で博士号を取得。ミネソタ大学のマクナイト名誉教授。セルフ・モニタリング（自己監視）の研究などで知られる。

ダニエル・L・シャクター

1952年〜 ▶P152〜P153

アメリカの心理学者。ノースカロライナ大学を卒業後、トロント大学で博士号を取得。アリゾナ大学心理学部教授を経て、ハーバード大学の心理学部教授を務める。記憶の7つのエラーで知られる、記憶研究の第一人者。

アラン・フェニングスタイン

1974年〜 ▶P189

アメリカで活動する心理学者（ドイツ出身）。テキサス大学で博士号を取得し、ケニヨン大学教授を務める。私的・公的自己意識を測定するための自己意識スケールを作成したことで知られる。

心理学者年表

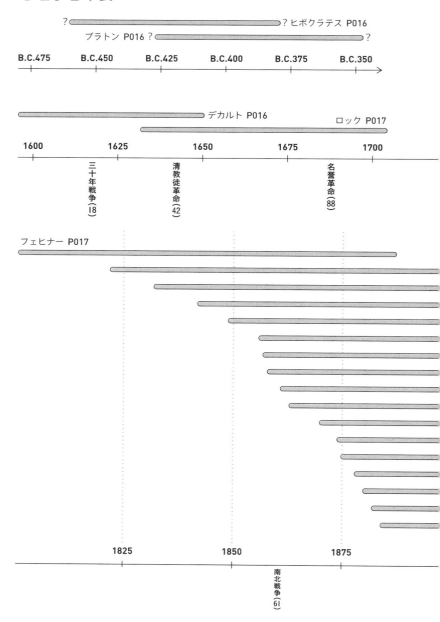

? ヒポクラテス P016

プラトン P016 ?

? ?

B.C.475　B.C.450　B.C.425　B.C.400　B.C.375　B.C.350

デカルト P016

ロック P017

1600　1625　1650　1675　1700

三十年戦争（18）

清教徒革命（42）

名誉革命（88）

フェヒナー P017

1825　1850　1875

南北戦争（61）

040

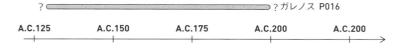

? ⊂══════════════════⊃ ? ガレノス P016

| A.C.125 | A.C.150 | A.C.175 | A.C.200 | A.C.200 |

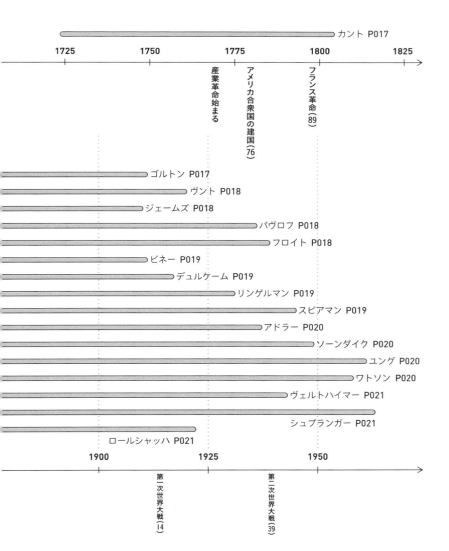

⊂══════════════════⊃ カント P017

| 1725 | 1750 | 1775 | 1800 | 1825 |

産業革命始まる

アメリカ合衆国の建国（76）

フランス革命（89）

⊂══════⊃ ゴルトン P017
⊂══════⊃ ヴント P018
⊂═════⊃ ジェームズ P018
⊂═════════⊃ パヴロフ P018
⊂═════════⊃ フロイト P018
⊂═══⊃ ビネー P019
⊂═════⊃ デュルケーム P019
⊂═══════⊃ リンゲルマン P019
⊂═════════⊃ スピアマン P019
⊂═══════⊃ アドラー P020
⊂══════════⊃ ソーンダイク P020
⊂═══════════⊃ ユング P020
⊂══════════⊃ ワトソン P020
⊂═════════⊃ ヴェルトハイマー P021
⊂════════════⊃ シュプランガー P021
⊂══════⊃
ロールシャッハ P021

| 1900 | 1925 | 1950 |

第一次世界大戦（14）

第二次世界大戦（39）

041

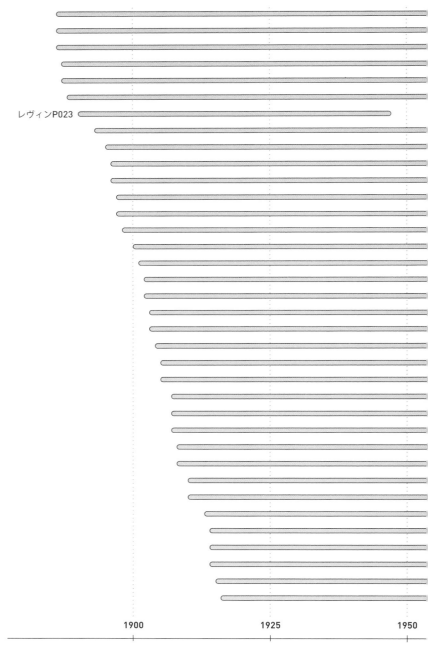

レヴィンP023

1900　　　　　　　　　1925　　　　　　　　　1950

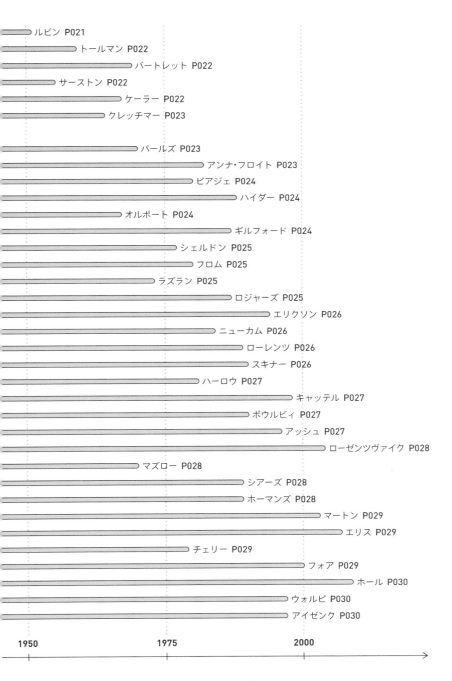

ルビン P021
トールマン P022
バートレット P022
サーストン P022
ケーラー P022
クレッチマー P023

パールズ P023
アンナ・フロイト P023
ピアジェ P024
ハイダー P024
オルポート P024
ギルフォード P024
シェルドン P025
フロム P025
ラズラン P025
ロジャーズ P025
エリクソン P026
ニューカム P026
ローレンツ P026
スキナー P026
ハーロウ P027
キャッテル P027
ボウルビィ P027
アッシュ P027
ローゼンツヴァイク P028
マズロー P028
シアーズ P028
ホーマンズ P028
マートン P029
エリス P029
チェリー P029
フォア P029
ホール P030
ウォルピ P030
アイゼンク P030

1950   1975   2000

1925   1950   1975

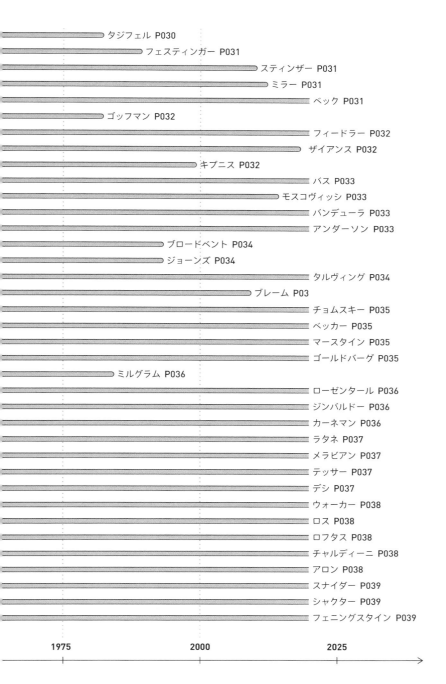

タジフェル P030
フェスティンガー P031
スティンザー P031
ミラー P031
ベック P031
ゴッフマン P032
フィードラー P032
ザイアンス P032
キプニス P032
バス P033
モスコヴィッシ P033
バンデューラ P033
アンダーソン P033
ブロードベント P034
ジョーンズ P034
タルヴィング P034
ブレーム P03
チョムスキー P035
ベッカー P035
マースタイン P035
ゴールドバーグ P035
ミルグラム P036
ローゼンタール P036
ジンバルドー P036
カーネマン P036
ラタネ P037
メラビアン P037
テッサー P037
デシ P037
ウォーカー P038
ロス P038
ロフタス P038
チャルディーニ P038
アロン P038
スナイダー P039
シャクター P039
フェニングスタイン P039

1975   2000   2025

心理学用語図鑑

心理学の誕生

プラトン
P016

魂
<ruby>魂<rt>たましい</rt></ruby>

文　献　『パイドン』『パイドロス』(プラトン)

メ　モ　古代ギリシャ語のプシュケー(魂)とロゴス(論理)を合わせたプシューコロギア(PSYCHOLOGIA)がサイコロジー(心理学：PSYCHOLOGY)の語源

心の問題は、永らく**哲学**として扱われてきました。古代ギリシャの哲学者である**ソクラテス**やその弟子の**プラトン**は、**心**を魂（**プシュケー**）と呼び、**物質**とは違う、何か神秘的で特別なものだと考えました。

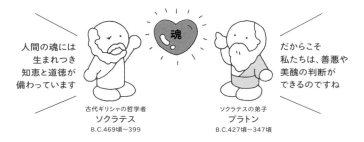

人間の魂には
生まれつき
知恵と道徳が
備わっています

魂

だからこそ
私たちは、善悪や
美醜の判断が
できるのですね

古代ギリシャの哲学者
ソクラテス
B.C.469頃〜399

ソクラテスの弟子
プラトン
B.C.427頃〜347頃

プラトンによれば、私たちの**魂**は、私たちが生まれる前から真の**善**や**美**を知っています。だからこそ、魂を持つ私たちは、何が美しくて何が善いのかを判断できるのだと**プラトン**は主張しました。

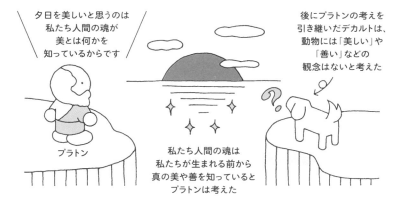

夕日を美しいと思うのは
私たち人間の魂が
美とは何かを
知っているからです

後にプラトンの考えを
引き継いだデカルトは、
動物には「美しい」や
「善い」などの
観念はないと考えた

プラトン

私たち人間の魂は
私たちが生まれる前から
真の美や善を知っていると
プラトンは考えた

この考えは、人間は生まれつき**観念**(意識の中にある事物)を持っているとする**デカルト**(P016)の**生得主義**(P054)という考えに引き継がれます。

魂の三分説

プラトン
P016

意　味	人間の魂は「理性」「意志」「欲望」で構成されるとする説
文　献	『パイドロス』『国家』（プラトン）
メ　モ	「知恵」「勇気」「節制」の3つの徳から生まれる「正義」の徳とは、プラトンにとって、社会のためになることを指す

プラトンは、人間の**魂（心）**（P050）は**理性・意志・欲望**の３つからなると考えました（魂の三分説）。**理性**が御者となり**意志**の白い馬を励まし、**欲望**の黒い馬を抑制して、前へ進まなければならないといいます。

プラトンによると、**理性・意志・欲望**が正しく働くと、それぞれ**知恵・勇気・節制**の徳になります。そしてこの３つが調和すると**正義**の徳が生まれます。知恵・勇気・節制に正義を加えた**４つの徳**を**プラトン**は**四元徳**と呼びました。

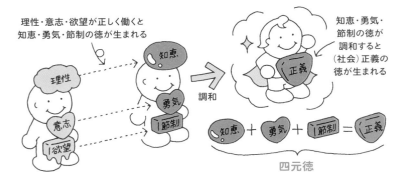

四気質説
<ruby>四<rt>よん</rt></ruby><ruby>気<rt>き</rt></ruby><ruby>質<rt>しつ</rt></ruby>説

ガレノス P016	意　味　4種類の体液のバランスによって性格が決まるという説 文　献　『気質について』(ガレノス) メ　モ　人体を物質と捉えることで、医学を宗教から切り離したヒポクラテス(P016)の四体液説が、ガレノスの四気質説のもとになっている

体内に流れる体液には、**血液、粘液、黄胆汁、黒胆汁**の4種類あり、そのバランスによって個人の**気質（性格）**が決まると**ガレノス**は主張しました。これを四気質説といいます。

体内に血液が多い
多血質 (たけつしつ)
社交的で明るい。楽天家。自信家

自信過剰な性格は血液を抜くことで、治るとガレノスは考えた

血液

体内に粘液が多い
粘液質 (ねんえきしつ)
理性的で冷静。内気で穏やか

粘液

血液
粘液
黄胆汁
黒胆汁

体液には血液、粘液、黄胆汁、黒胆汁の4種類がある

体内に黄胆汁が多い
黄胆汁質 (おうたんじゅうしつ)
積極的で短気。情熱的。精力的

黄胆汁

体内に黒胆汁が多い
黒胆汁質 (こくたんじゅうしつ)
抑うつ的で神経質。芸術家肌

黒胆汁

四気質説自体は、思いつきの域を出ませんでした。ただし、この説は人間の性格を**躁うつ気質、分裂気質、粘着気質**など、いくつかの類型に分けて考える20世紀以降の**性格類型論**(P275)につながる要素を持っていました。

心身二元論
しん　しん　に　げん　ろん

意　味　精神と身体が別々のものであるとする考え方
文　献　『情念論』(デカルト)
メ　モ　デカルトは「我思う、故に我あり」という言葉通り、私とは私の心(意識)のことだと考えた

デカルト
P016

17世紀のフランスの哲学者である**デカルト**は、古代ギリシャの哲学者**プラトン**(P016)と同じように、**心(意識)は精神的なものであり、物や身体のような物質ではない**と主張しました。そしてその精神的な**心**が、物質である身体を動かしていると考えました。

手をあげよう

走ろう

デカルトは
心(意識)が身体を
操作していると考えた

心と身体はまったく別のものだとする**デカルト**のような考えを心身二元論(実体二元論)といいます。現在では、心は身体(脳)を離れては存在できないとされていますが、**デカルト**は、心は身体を離れても存在できると考えていたのです。

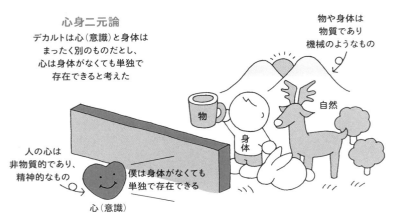

心身二元論
デカルトは心(意識)と身体は
まったく別のものだとし、
心は身体がなくても単独で
存在できると考えた

物や身体は
物質であり
機械のようなもの

自然

人の心は
非物質的であり、
精神的なもの

僕は身体がなくても
単独で存在できる

物

身体

心(意識)

生得主義

せい　とく

意　味	人間には理性や観念が生まれつき備わっているとする考え
文　献	『方法序説』『省察』（デカルト）
メ　モ	生得主義は、知識や観念は経験で身につけていくとする経験主義（P055）と対立する

デカルト
P016

人間には**理性**や基本的な**観念**（意識の中にあるすべての事物）が生まれつき備わっていると**デカルト**は考えました。例えば**善悪の区別**、**完全の概念**などは経験によって学んだことではないと**デカルト**は主張します。このような人間特有の先天的な理性や観念を生得観念といいます。

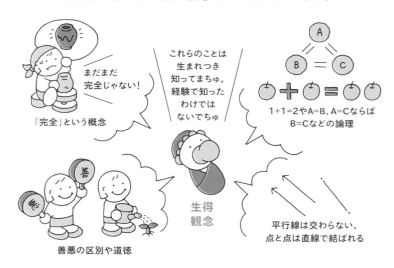

人間は**生得観念**を持っていると考えることを生得主義（または理性主義、合理主義）といいます。**生得主義**は、知識や観念はすべて**経験**によるものだとする**経験主義**（P055）と対立することになります。

心理学の誕生

経験主義

意　味	生得観念（P054）は存在せず、知識や観念は経験や環境で身につけていくという考え
文　献	『人間知性論』（ロック）
メ　モ	「生得か経験か」は「氏か育ちか」論争として継続されていく

ロック
P017

ロックは、人間は**先天的**に**理性や観念**（生得観念P054）を持っているとは考えませんでした。

ボクは基本的な知識を持ってまちゅ

そんなわけない。人の心は生まれたときは白紙だ

人間の**心**はもともと**白紙（タブラ・ラサ）**であり、知識や観念はすべて、五感から得た経験によるものだと**ロック**は主張します。そして経験で得た知識や観念の**連合（結合）**が**心**だとしました。

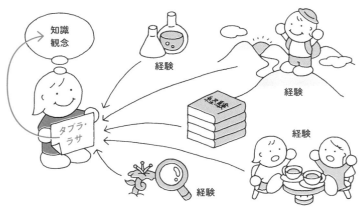

知識
観念

経験

経験

経験

タブラ・ラサ

経験

経験がタブラ・ラサである心に書き込まれて
知識や観念となるとロックは考えた

生得観念は存在せず、知識や観念はすべて経験によるものだとする**ロック**のような立場を経験主義といいます。**経験主義**は、人は生まれつき理性や観念を持っているとする**生得主義**（P054）と対立しました。

ゴルトン P017	# 遺伝｜環境

文　献　『遺伝的天才』(ゴルトン)
メ　モ　ゴルトンは、いとこであるチャールズ・ダーウィンの『種の起源』
(進化論)に影響を受けている。人間の能力は、遺伝によるところが
大きいとする遺伝説を唱えた

人の能力や性格は、生まれたときは白紙で、その後の環境に影響される
のでしょうか(経験主義P055)？ それとも生まれたときから遺伝的に決
まっているのでしょうか？ **ゴルトン**は、この遺伝か環境かという問題
を解決するために、別々の家庭で育てられた双子の兄弟の類似性を調べ
ました (双生児法)。

別の家庭へ　　　別の家庭へ

双子

ゴルトンは
違った環境で育った双子の
性格や社会的地位が
似ていることを突き止めた。
その結果、人の能力や性格は
遺伝で決まると考えた

2人からの手紙によると
2人とも医者になってる

医者に
なりました

医者に
なりました

弟　　　　　　　　　　　　　　　　兄

ゴルトン

人の能力は遺伝で決まるとするゴルトンの考えは、
「優れた」者同士の結婚を奨励して、「優れた」人々の世界を
つくろうとするナチスの優生思想に結びついてしまった

その結果、**ゴルトン**は**遺伝**のほうが**環境**よりも影響力が大きいと結論づ
けました。ただし、**遺伝・環境説**は現在でも議論の対象になっています。

	精神物理学
フェヒナー P017	意　味　主観的な感覚(心理)と客観的な刺激(物理的な事象)との対応関係を科学的(物理学的)に研究する学問 文　献　『精神物理学要綱』(フェヒナー) メ　モ　実験心理学(P058)の成立に大きな影響を与えた

手にレンガをひとつ乗せたあと、もうひとつ乗せると重く感じます。ところが、手にレンガを3つ乗せたあと、さらにもうひとつ乗せたとしても、同じようにレンガひとつ分の重さが加わったにもかかわらず、重さの変化はさほど感じません。つまり私たちの**感覚(心理)**は物理的な「事実」とは異なっているのです。

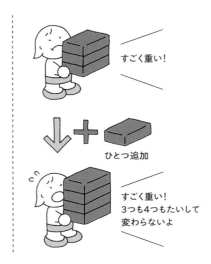

フェヒナーは、こうした人間の感覚(心理)と、客観的な刺激との間に数量的な法則を見出しました。この法則は**フェヒナーの法則**と呼ばれています。この理論をもとにして生まれたのが精神物理学です。**フェヒナー**は、哲学の領域だとされていた心の問題を**科学(物理学)**の領域に変えようと試みたのです。

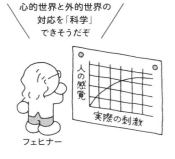

心的世界と外的世界の対応を「科学」できそうだぞ

フェヒナー

ヴント
P018

実験心理学

文　献　『生理学的心理学網要』（ヴント）
メ　モ　実験を研究の手段とする実験心理学の登場により、心理学が学問として確立した。ヴントの実験方法は、被験者に刺激を与えて、その瞬間にどのようなことを意識したかを自己報告してもらう内観法

ヴントは人間心理の研究に、自然科学の手法である**実験**を取り入れました。これにより、人間の心理を**客観的な自然科学**として捉えようとする実験心理学という大きな流れが生まれました。

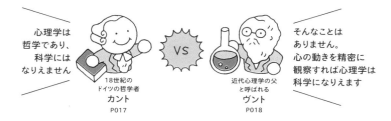

心理学は
哲学であり、
科学には
なりえません

18世紀の
ドイツの哲学者
カント
P017

VS

そんなことは
ありません。
心の動きを精密に
観察すれば心理学は
科学になりえます

近代心理学の父
と呼ばれる
ヴント
P018

ヴントが行った**実験**は、被験者にさまざまな体験をさせ、その瞬間に何を意識したかを報告してもらう内観法（ないかん）という方法でした。

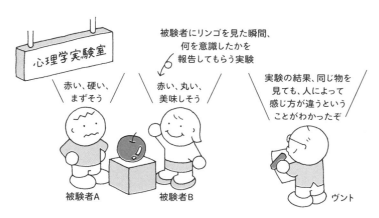

心理学実験室

被験者にリンゴを見た瞬間、
何を意識したかを
報告してもらう実験

赤い、硬い、
まずそう

赤い、丸い、
美味しそう

実験の結果、同じ物を
見ても、人によって
感じ方が違うという
ことがわかったぞ

被験者A　　　　被験者B　　　　　　　　　　ヴント

他人が理解できないような主観的、哲学的な報告をさけるため、**ヴント**は被験者に一定の訓練を求めました。とはいえ**内観法**は、意識を実際に観察するわけではありません。「客観的に観察できなければ、科学の実験にはならない」というのが、のちの**行動主義**（P072）の主張でした。

構成主義

意 味	物質が原子や分子の結合体であるように、意識（心）も心的な要素（一つひとつの感情や感覚など）の結合体であるとする主義
文 献	『生理学的心理学網要』（ヴント）
メ モ	構成主義、要素主義はヴントのオリジナルの用語ではない

ヴント
P018

意識（心）は、表象（イメージ）、意志、感情などに分類でき、さらに細かい要素に分解可能だと**ヴント**は主張します。**物質**が原子や分子の結合体であるように、**意識**（心）も一つひとつの心的な要素の結合体であると考えたからです。こうした立場は構成主義、要素主義などと呼ばれています。

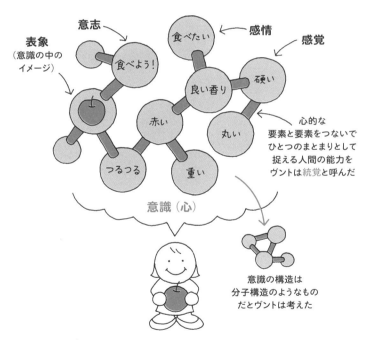

意識は細かい要素に分解可能だとヴントは考えた。
それを一つひとつ分析することで、意識（心）の成り立ちを突き止めようとした

分子構造を分析すれば、その物質が何かがわかります。これと同じように、心的な要素を一つひとつ分析すれば、意識（心）の正体を突き止められると**ヴント**は考えたのです。

機能主義

ジェームズ
P018

意　味　意識（心的現象）は、人が環境に適応するため、すなわち人が生存するための機能だと考える立場

メ　モ　ジェームズの研究は、人間にとって役に立つものが対象だったので、実用主義（プラグマティズム）とも呼ばれる

ドイツの心理学者**ヴント**（P018）の流れを汲む**構成主義**（P059）の研究テーマは、**意識の内容**の分析でした。一方、アメリカの心理学者**ジェームズ**は、意識は人の生活に対してどんな働きをするのか、つまり**意識の機能**（役割）に関心を向けていました。

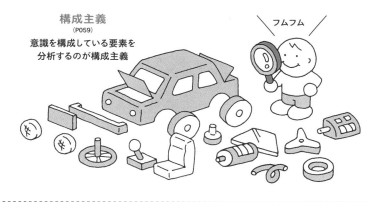

構成主義
(P059)
意識を構成している要素を
分析するのが構成主義

フムフム

機能主義
人が生きるために、意識が
どういう機能（役割）を果たしているかを
探求するのが機能主義

なるほど！
車はこう動くのか。
車の人に対する役割は
何だろう？

意識を自動車にたとえれば、自動車（意識）の部品を一つひとつ分析しようとする立場が**構成主義**です。対して、自動車（意識）の動き方や、自動車の機能（役割）を探求するのが**ジェームズ**の機能主義です。

意識は流れる

意　味	意識は固定的なものではなく、表象（イメージ）、感情、記憶、感覚、などが絶え間なく移ろっていくものとする考え
文　献	『心理学原理』（ジェームズ）
メ　モ	この概念はプルーストらの20世紀文学に大きな影響を与えた

ジェームズ
P018

意識は流れる
意識は固定化されたものでなく、
表象、感情、記憶などが
絶え間なく変化していると
ジェームズは考えた

ジェームズにとって、意識は、**ヴント**が考えたような固定的な**要素の結合体**（構成主義P059）ではありませんでした。そうではなく、「アイスクリームが見える」→「食べたい」→「甘い」→「懐かしい」→「幸せ」というように、**表象**（意識の中のイメージ）、**感情、記憶など**が絶え間なく変化し、流れていくというイメージで意識を捉えました（意識は流れる）。

ジェームズ＝ランゲ説

意　味　情緒に伴って身体反応（行動）があるのではなく、身体反応に伴って情緒が変化するとする説

メ　モ　ジェームズはこの説を「悲しいから泣くのではなく、泣くから悲しいのだ」という言葉で表現した

ジェームズ
P018

「気持ち」を表す言語には情緒、感情、気分などがあります。このうち**情緒**は「急激に起こり、短時間で終わる強力な心の動き」をいいます。心理学では主にこの**情緒**を扱います。**ジェームズ**も**情緒**と**行動**の関係を調べました。

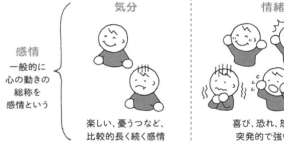

気分

情緒

感情
一般的に
心の動きの
総称を
感情という

楽しい、憂うつなど、
比較的長く続く感情

喜び、恐れ、怒りなど
突発的で強い感情

もし道端で熊に出会ったら、怖くなって震えたり心臓が高鳴ったりします。**意識**が恐怖を感じることが原因となり、震えという**身体反応**（行動）を引き起こすからです。

常識的な考え

熊が見える

怖い！　恐怖

震え

刺激の知覚

情緒の知覚（意識的）

身体反応（無意識的）

けれども実際は、**無意識的**に震えがはじまり、その後で意識が恐怖を感じるのではないでしょうか。**ジェームズ**は、震えたり心臓が高鳴るといった身体反応（行動）が、恐怖という情緒に**翻訳**されるのだと主張しました（**ジェームズ＝ランゲ説** ※同時期にC・ランゲが同じ主張をした）。

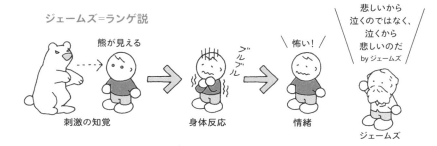

ジェームズ=ランゲ説

熊が見える

刺激の知覚

身体反応

怖い！

情緒

悲しいから
泣くのではなく、
泣くから
悲しいのだ
by ジェームズ

ジェームズ

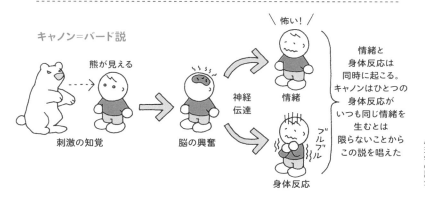

キャノン=バード説

熊が見える

刺激の知覚

脳の興奮

神経
伝達

怖い！

情緒

身体反応

情緒と
身体反応は
同時に起こる。
キャノンはひとつの
身体反応が
いつも同じ情緒を
生むとは
限らないことから
この説を唱えた

心理学の誕生

ジェームズ=ランゲ説に対して、W・B・キャノン（1871〜1945）とP・バード（1898〜1977）はひとつの身体反応がいつも同じ情緒を引き起こすとは限らないことを指摘します。恐怖でも震えるし、寒くても震えるというわけです。彼らは、熊を見たら、脳を介し、恐怖という情緒体験と、震えという身体反応が同時に起こると主張しました（キャノン=バード説）。

情動二要因理論

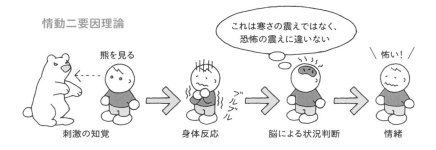

熊を見る

刺激の知覚

身体反応

これは寒さの震えではなく、
恐怖の震えに違いない

脳による状況判断

怖い！

情緒

後にS・シャクター（1922〜1997）は、震えが起こったあと、脳が「熊がいる」という状況と照らし合わせることによって、恐怖という情緒を体感するとする情動二要因理論を展開しました。

社会的自己

意　味　自分が他人にどう見えているかを想像して抱く観念
文　献　『心理学原理』(ジェームズ)
メ　モ　自己(私)は、見ている自分である「主我」(主体としての自己)
と、見られている自分である「客我」(客体としての自己)に分類される

ジェームズ
P018

ジェームズは、**自己(自分)**という概念を、**自分を見ている自分である主我(I)**と、その**主我に見られている自分である客我(me)**に分けました。さらに**客我**を物質的自己、精神的自己、社会的自己の３つに分類しています。**物質的自己**は自分の身体や衣服など、**精神的自己**は自分の性格など、**社会的自己**は周囲の人々が自分に対して持つ認識やイメージを指します。

心理学の誕生

自分を認識する人の数だけ自己が別個に存在するという**社会的自己**の考え方は、のちの**社会心理学**(P218)に大きな影響を与えました。

知能指数

ビネー P019	意味　ビネーは当初、知能検査で計測される数値(精神年齢)と、実年齢の比率でIQを算出した(現在では同年齢の集団内での偏差値で算出) メモ　ビネーのIQの計算式は、(精神年齢÷実年齢)×100＝IQ。IQ140以上の天才は0.25%だとした

ビネーは、特別な支援が必要な子どもを客観的に見分けるテストの作成をフランス政府に依頼されました。このテストに改良を加えたものが現在の知能検査です。**知能検査**で測定される**知能指数（IQ）**は、**知能**の程度を数値化したもので、現在では年齢ごとの平均から算出されます。

物の名前を言う	違いを説明する	(3つの単語から) 文章をつくる
リンゴ バナナ ミカン	耳が小さい 耳が長い	家で本を 読んでいたら 眠くなって ベッドで寝た
3歳でできたら 【IQ100】	3歳でできたら 【IQ110】	3歳でできたら 【IQ120】

易しい問題　⟶　難しい問題

初期の知能検査は3〜13歳までの子どもが対象とされていた。
易しい問題から難しい問題が設定され、知能指数が測定された

知能には、加齢とともに低下する推理能力などの**流動性知能**(P167)と、加齢では低下しない理解力などの**結晶性知能**(P167)があるとされています。

流動性知能	結晶性知能

集中力・計算力・記憶力・暗記力 などは加齢とともに低下する	理解力・自制力・言語能力・知識力 などは加齢によって上昇することもある

行動主義

古典的条件づけ

意　味　食欲などの自律神経の反射や反応（無条件反射）と他の刺激
（ベルの音など）を意図的に結びつけること

文　献　『条件反射学』（パヴロフ）

メ　モ　「条件づけ」の概念はパヴロフの実験によって初めて示された

私たちは、自分の身体の動きのすべてを自分の意思で決めているわけで
はありません。人や動物の身体は、先行する刺激に対する**反応**（反射）で
無意識的に動く場合が多いのです（生理的反応）。

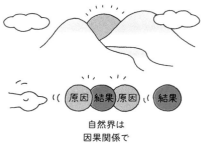

自然界は
因果関係で
成り立っている

キャッ！

刺激（原因）　　反応（結果）

私たちの行動も
刺激に対する反応という
因果関係で成り立っている

食べ物を口に入れると、自然に唾液が出ます。このように外部からの刺
激によって、**無条件**に生じる**先天的な**生理的反応（反射）を無条件反射
と呼びます。そして、食べ物を見ただけで唾液が出るといった、経験に
よって**後天的**に獲得する反応（反射）を条件反射といいます。

無条件反射

犬はエサを口に入れると
唾液を出す。
このような先天的な反射を
無条件反射という

条件反射

やがて犬はエサを見るだけで
唾液を出すようになる。
経験で獲得するこのような反射を
条件反射という

行動主義

刺激と反応（反射）の関係を利用すれば、意図的に任意の行動を起こさせ
ることができます。この発想の土台になったのが、生理学者**パヴロフ**に
よる、**パヴロフの犬**と呼ばれる実験でした。

パヴロフの犬の実験

犬はベルが鳴れば
エサがもらえることを
学習する

条件反射を利用
すればベルを
鳴らすだけで犬に
唾液を分泌させる
ことができる

リンリン

エサを与えると同時に
ベルを鳴らすことを繰り返す

リンリン

ベルを鳴らすだけで
犬は唾液を出すようになる

パヴロフの犬のベルと唾液のように、もともと無関係の刺激と反応の間
に意図的に結びつきをつくることを**条件づけ**と呼びます。そしてこの実
験のような**無条件反射**（唾液の分泌など）に依存する**条件づけ**を後の**オペ
ラント条件づけ**（P074）に対して**古典的条件づけ**といいます。

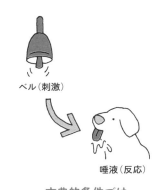

ベル（刺激）

唾液（反応）

古典的条件づけ

唾液の分泌など自律神経の反応と
他の刺激（ベルの音など）を意図的に
結びつけることを古典的条件づけという

ごほうび（刺激）

勉強を
頑張るぞ

勉強（反応）

オペラント条件づけ

報酬や懲罰といった刺激を与えることで
自発的に行動するよう学ばせることを
オペラント条件づけという

パヴロフの研究は、人や動物のあらゆる行動は、刺激に対する**生理的反
応**にすぎないとする**行動主義**（P072）の主張の基礎を築きました。

試行錯誤学習

意 味　問題に対して、試みと失敗を繰り返しながら、適切な解決策を見出していくこと

文 献　『教育心理学』(ソーンダイク)

メ モ　とにかく試行錯誤し続けることで問題解決に近づくことになる

ソーンダイク
P020

人が何かの問題に直面したとき、その解決方法をどう学ぶかについて、**ソーンダイク**は猫を使った実験で確かめました。

行動主義

猫を仕掛けのある箱に入れ、
外にエサを置く

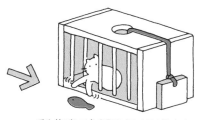

手を伸ばして魚を取ろうとするが取れない。
効果がなければその行動は減っていく

実際の行動と
その結果を
結びつけながら
学習するんだな

ソーンダイク

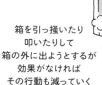

箱を引っ掻いたり
叩いたりして
箱の外に出ようとするが
効果がなければ
その行動も減っていく

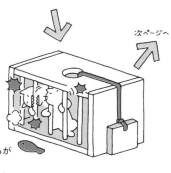

次ページへ

ソーンダイクは、空腹の猫を仕掛けのある箱に入れ、箱の外にエサを置きました。箱の中には、紐が吊るしてあり、引っ張ると扉が開く仕組みになっています。猫は紐に触れたり、紐の先に取り付けられた踏み台に乗ったりして、あるとき偶然、扉を開くことに成功します。そして猫が箱の外に出たら、すぐにまた箱に入れます。これを繰り返し行うと、猫は無駄な行動はしなくなり、すぐに紐を引っ張るようになります。

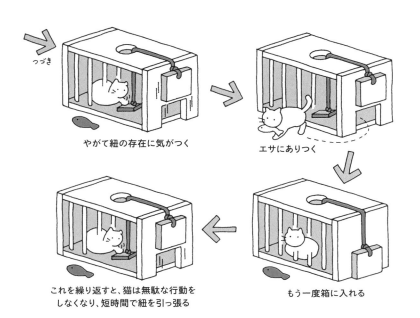

つづき

やがて紐の存在に気がつく

エサにありつく

これを繰り返すと、猫は無駄な行動を
しなくなり、短時間で紐を引っ張る

もう一度箱に入れる

人もこの猫と同じように、実際の行動と、その結果を結びつけながら学習すると**ソーンダイク**は考えました。問題に対して、**試み**（行動）と**失敗**（結果）を繰り返しながら（試行錯誤しながら）、適切な解決策を**学習**することを試行錯誤学習といいます。

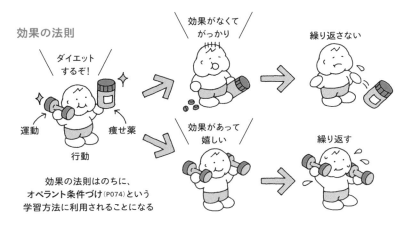

効果の法則

ダイエット
するぞ！

運動　　　痩せ薬

行動

効果がなくて
がっかり

繰り返さない

効果があって
嬉しい

繰り返す

効果の法則はのちに、
オペラント条件づけ（P074）という
学習方法に利用されることになる

さらに**ソーンダイク**はこの実験から、満足を得られる行動は繰り返されやすくなり、満足を得られない行動は繰り返されなくなっていくという効果の法則を導き出しました。

行動主義

意　味	心理学は、観察できない主観的な意識を扱うのではなく、客観的に観察できる行動を扱うべきだとする立場
文　献	『行動主義者の立場からの心理学』（ワトソン）
メ　モ	パヴロフやソーンダイクの研究も広い意味で行動主義といえる

ワトソン
P020

ヴントの研究（内観法P058）以来、心理学は**意識**を研究する学問だとされてきました。これに対して**ワトソン**は、意識は客観的に観察することができないので、科学の研究テーマにはなりえないと主張します。そのかわり、外部からの刺激に対する反応、つまり**行動**を観察することで、心理学は科学になりえると考えました。

意識は観察する
ことができない。
だから科学の研究
テーマにはなりえない

ワトソン

主観的な意識ではなく、客観的な行動を研究対象にすることで、心理学は科学になりえるとする立場を行動主義といいます。そして、行動を観察することで、行動を予測したり、行動をコントロールする方法を知ることが心理学の使命だと**ワトソン**は考えました。

怖がる行為　　喜ぶ行為　　悲しむ行為

行動は客観的に
観察できる。
だから科学に
なりえる

ワトソン

ワトソンは観察できない意識ではなく、
観察できる行動を研究するべきだと考えた

S-R理論

意　味　刺激(S)と反応(R)の関連性を研究すれば、人間の行動を
理解できるという考え

メ　モ　S-R理論によると、人間の発達はすべて環境に依存し、遺伝
は関係ないということになる

ワトソン
P020

人の行動は、どんなに複雑に見えても、外部からの**刺激**(Stimulus)に対する**反応**(Response)の**連合**(結合)にすぎないとする理論を S-R 理論といいます(S-R連合、S-R結合ともいう)。**S-R 理論はワトソンの行動主義**(P072)の中核をなす理論です。行動はすべて生理的な**条件反射**(P068)であり、自分の意思によるものではないと**ワトソン**は考えました。

すべての行動は
このような、
刺激に対する
反応です

S　モルモット　R

刺激　　反応

ワトソンは刺激と
反応(行動)の関係を
研究すれば、人間を
理解できると考えた

ワトソン

S-R 理論を応用し、教育・訓練を行えば、人間は遺伝と関係なく、どのような能力も身につけることができると**ワトソン**は主張しました。

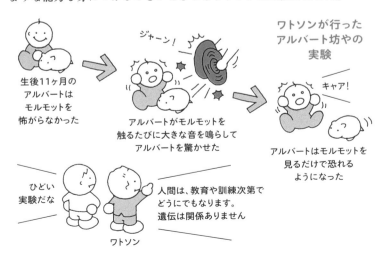

ワトソンが行った
アルバート坊やの
実験

生後11ヶ月の
アルバートは
モルモットを
怖がらなかった

ジャーン!

アルバートがモルモットを
触るたびに大きな音を鳴らして
アルバートを驚かせた

キャア!

アルバートはモルモットを
見るだけで恐れる
ようになった

ひどい
実験だな

人間は、教育や訓練次第で
どうにでもなります。
遺伝は関係ありません

ワトソン

オペラント条件づけ

スキナー P026	意味　報酬や懲罰に対して、自発的に行動するよう学習すること 文献　『有機体の行動』(スキナー) メモ　スキナーのオペラント条件づけの実験は、ワトソンやソーンダイクの実験(P073・P070)を発展させたものといえる

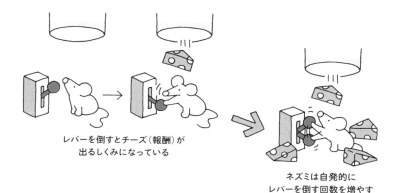

レバーを倒すとチーズ(報酬)が
出るしくみになっている

ネズミは自発的に
レバーを倒す回数を増やす

オペラント条件づけ --

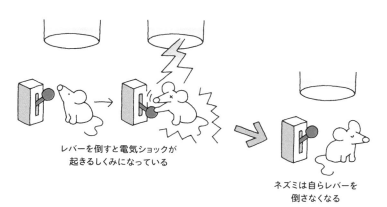

レバーを倒すと電気ショックが
起きるしくみになっている

ネズミは自らレバーを
倒さなくなる

行動主義

行動主義(P072)の心理学者である**スキナー**もまた、意識ではなく、客観的に観察できる**行動**のみを研究対象にしました。彼はネズミを使った実験で、動物に**報酬や懲罰**を与えると、動物は行動を自発的に変化させることを突き止めました。この**報酬や懲罰による自発的な行動の変化**をオペラント条件づけといいます。　　※オペラントはオペレイト(操作する)の派生語

古典的条件づけ(P069)は、先行する刺激に行動が左右されましたが、**オペラント条件づけ**は、報酬や懲罰といった、行動の結果としての刺激に左右されます。報酬や懲罰で**行動を増やす**ことを**強化**、報酬や懲罰で**行動を減らす**ことを**弱化**といいます。

強化

掃除をする
（行動）

報酬を与える
（刺激）

掃除の回数を増やす
（自発的に行動を増やす）

弱化

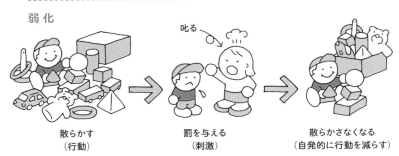

散らかす
（行動）

罰を与える
（刺激）

散らかさなくなる
（自発的に行動を減らす）

行動主義

条件反射(P068)のような生理的反応は、性格などの内的な要因ではなく、ベルの音などの外的な要因が引き起こします。人の**自発的な行動**もまた、性格などの内的要因ではなく、報酬や懲罰といった**外的要因**が引き起こすのだと**スキナー**は結論づけました。

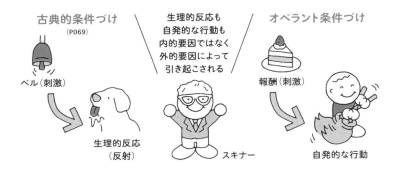

古典的条件づけ
（P069）

ベル（刺激）

生理的反応
（反射）

生理的反応も
自発的な行動も
内的要因ではなく
外的要因によって
引き起こされる

スキナー

オペラント条件づけ

報酬（刺激）

自発的な行動

認知地図

意　味	生活環境を思い浮かべる際の地図のようなイメージのこと
文　献	『新行動主義心理学』(トールマン)
メ　モ	迷路の中を走り回るうちにネズミの脳内に認知地図が形成されるというトールマンの研究成果は認知心理学(P139)を生み出した

トールマン
P022

トールマンは、迷路の中にネズミを入れておく実験で、エサ(報酬)を与えなくても、ネズミは迷路の道を覚えていることを発見しました。迷路の中のネズミは、走り回るうちに迷路の空間的な構造を徐々に把握していき、いつのまにか脳内に**認知地図**を形成していったと考えられます。これを**潜在的学習**といいます(認知：周りの環境を判断・解釈すること)。

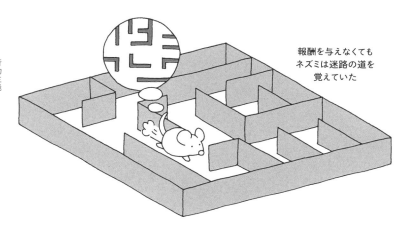

報酬を与えなくても
ネズミは迷路の道を
覚えていた

トールマンは、ネズミはエサを探すなどの**目的**のためにこの**認知地図**を利用すると考えました。

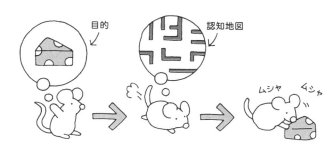

目的　　　認知地図

ムシャ　ムシャ

人も動物も、毎日の生活の中で、周囲の環境に対するさまざまな**認知地図**を無意識的に形成していると**トールマン**は主張します。そして必要なときに、適切な**認知地図**を使って自らの行動を決めているというのです。

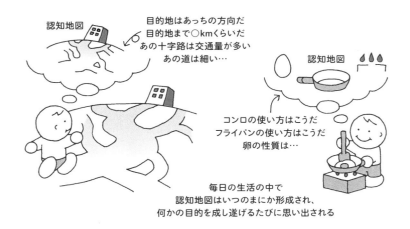

認知地図

目的地はあっちの方向だ
目的地まで○kmくらいだ
あの十字路は交通量が多い
あの道は細い…

認知地図

コンロの使い方はこうだ
フライパンの使い方はこうだ
卵の性質は…

毎日の生活の中で
認知地図はいつのまにか形成され、
何かの目的を成し遂げるたびに思い出される

あらゆる行動は、**刺激（S）**に対する**反応（R）**にすぎないとするのが**行動主義**(P072)の立場でした(S-R理論P073)。けれども**トールマン**は、こうした**反射的行動**と、目的地に向かって歩くとか、空腹を満たすために食事をするなどの**目的的行動**は分けて考えるべきだと主張します。**目的的行動**には、**刺激（S）**に対する**反応（R）**の間に、**認知など（O）**が媒介すると考えたからです（S-O-R理論）。

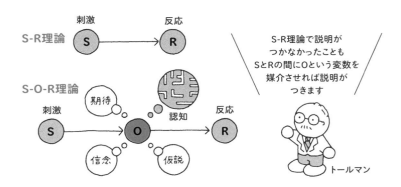

S-R理論

刺激　　　　　反応

S ⟶ R

S-O-R理論

刺激　期待　　認知　反応

S ⟶ O ⟶ R

信念　　仮説

S-R理論で説明が
つかなかったことも
SとRの間にOという変数を
媒介させれば説明が
つきます

トールマン

SとRの間にその人、その動物ならではの何か（認知の他に、信念、期待など）が媒介すると考えて、**行動主義のS-R理論をS-O-R理論に修正する立場を新行動主義**といいます（O＝有機体：Organism）。

逆制止法

意　味　不安を引き起こす刺激に対して、安心を引き起こすように訓練をして、不安を消去していく心理療法(P114)

文　献　『逆制止による心理療法』(ウォルピ)

メ　モ　S-R理論(P073)を逆利用した療法

ウォルピ
P030

僕は犬が恐いです。そして僕は3回深呼吸するとリラックスします

S-R理論を利用すれば犬恐怖症は克服できます。精神分析(P104)で犬嫌いの原因を突き止める必要はありません

ウォルピ

精神科医**ウォルピ**は、**PTSD**（心的外傷後ストレス障害）を患った兵士らの治療にあたりました。そして、恐怖や不安を引き起こす原因について、逆にリラックスした状態を引き起こすように訓練する、逆制止法という**行動療法**(P114)を考案しました。

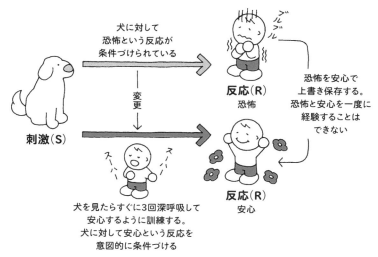

犬に対して恐怖という反応が条件づけられている

変更

刺激(S)

反応(R)
恐怖

恐怖を安心で上書き保存する。恐怖と安心を一度に経験することはできない

犬を見たらすぐに3回深呼吸して安心するように訓練する。犬に対して安心という反応を意図的に条件づける

反応(R)
安心

犬を怖がる理由は、犬に対して恐怖という感情が**古典的条件づけ**(P069)されているからです。ならば恐怖ではなく、安心という反応になるように、**条件づけのやり直し**をすればよいのです。この方法は、異なる感情を一度に経験することができないという原理も利用しています。

逆制止法は、恐怖や不安が小さいものから消去に取り組んでいき、最終的に大きい恐怖や不安の消去を目標にします。このように恐怖や不安を段階的（系統的）に消去していく治療法を系統的脱感作（法）といいます。

系統的脱感作　恐怖が小さいものから段階的に恐怖を消去していく方法

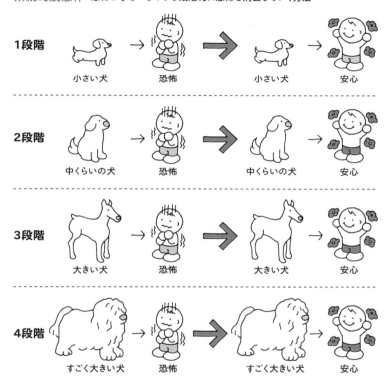

1段階　小さい犬 → 恐怖 → 小さい犬 → 安心

2段階　中くらいの犬 → 恐怖 → 中くらいの犬 → 安心

3段階　大きい犬 → 恐怖 → 大きい犬 → 安心

4段階　すごく大きい犬 → 恐怖 → すごく大きい犬 → 安心

逆制止法とそれに付随する**系統的脱感作**は、現在でも強迫性障害や恐怖症を改善する方法の主流となっています。

クライエント　カウンセラー

暗い所が怖いんです

暗い場所に行ったらすぐに楽園をイメージしてみましょう

ゲシュタルト心理学

ゲシュタルト心理学

意　味	心理現象の本質は部分（要素）ではなく全体性にあるという説
文　献	『運動視に関する実験的研究』（ヴェルトハイマー）
メ　モ	ゲシュタルト心理学はヴェルトハイマーのほか、ケーラー（P022）、コフカ(1886〜1941)が創始者とされている

ヴェルトハイマーなど
P021

意識（心）とは、一つひとつの要素の集まりだと考えたのが**ヴント**らの
構成主義（要素主義）（P059）でした。この考えを否定したのが**ヴェルトハイマー**らのゲシュタルト心理学です。

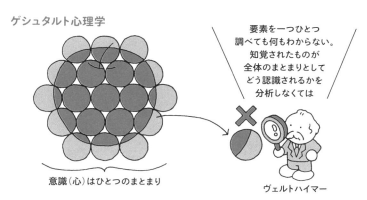

構成主義 (P059)

知覚されたもの（例えばリンゴ）の
一つひとつの要素が
意識の中でどう結合されるかを
分析すれば、心の働きを
説明できる

要素

ヴント

意識（心）は要素の集まり

ゲシュタルト心理学

要素を一つひとつ
調べても何もわからない。
知覚されたものが
全体のまとまりとして
どう認識されるかを
分析しなくては

ヴェルトハイマー

意識（心）はひとつのまとまり

私たちは、一つひとつの要素をつなぎ合わせて何かを知覚するのではなく、全体をひとつのまとまりとして知覚するのだと**ゲシュタルト心理学**は主張しました。

例えば私たちは、下記の図を、線（要素）が4本と捉えるのではなく、2本の棒であったり、四角形として捉えます。

| 2本の棒 | 四角形 | 「E」という字 |

これらは要素としては4本の線だが、まとめてみると4本の線以上のものになる

また、音楽を聴くとき、私たちは一つひとつの音をバラバラに捉えているわけではなく、ひとつのまとまりで捉えます。

音楽から
音符ひとつを取り出して
調べても何もわからない

このように、全体（ゲシュタルト）は要素の総和以上のものを生み出します。ですから意識の中身を要素に還元するのではなく、全体として研究しなければならないと**ヴェルトハイマー**らは考えたのです。

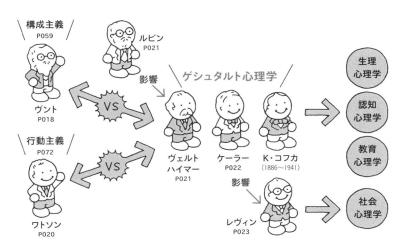

構成主義 P059
ルビン P021
ヴント P018
VS
ゲシュタルト心理学
影響
行動主義 P072
VS
ヴェルトハイマー P021
ケーラー P022
K・コフカ（1886〜1941）
影響
ワトソン P020
レヴィン P023
生理心理学
認知心理学
教育心理学
社会心理学

ゲシュタルト心理学は今日の**認知心理学**（P139）や**社会心理学**（P218）などの分野に大きな影響を及ぼしました。

ゲシュタルト心理学

仮現現象 _{か げん}

意 味　何もない空間に連続した運動が見えてくる現象

文 献　『運動視に関する実験的研究』(ヴェルトハイマー)

メ モ　ヴェルトハイマーが行った仮現現象の研究からゲシュタルト
心理学(P082)が始まったとされている

ヴェルトハイマー
P021

ゲシュタルト心理学(P082)は、**ヴェルトハイマー**の研究から始まった
とされています。**ヴェルトハイマー**は2つの図形を交互に点滅させると、
それらの図形が連続しているように見えることに着目しました。

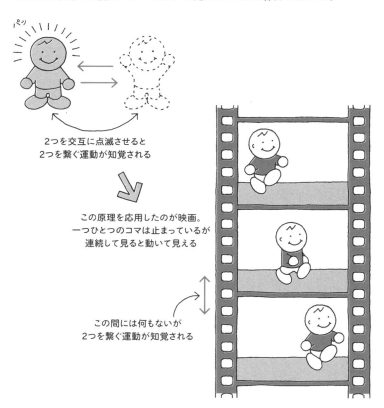

2つを交互に点滅させると
2つを繋ぐ運動が知覚される

この原理を応用したのが映画。
一つひとつのコマは止まっているが
連続して見ると動いて見える

この間には何もないが
2つを繋ぐ運動が知覚される

このように、実際は何もない部分に連続運動が見えてくる現象を仮現現
象といいます。**仮現現象**は、意識は要素の総和だとする**構成主義（要素
主義）**(P059)では説明ができませんでした。

ゲシュタルト要因

意　味	バラバラのものが、まとまって見える現象の要因
文　献	『運動視に関する実験的研究』（ヴェルトハイマー）
メ　モ	プレグナンツの法則（バラバラな全体を単純な形として認識しようとする心理）が作用することによってゲシュタルト要因は発生する

ヴェルトハイマー
P021

ヴェルトハイマーは、知覚されたいくつかの要素は、バラバラに認識されるのではなく、ひとつのまとまりとして認識されると考えました（**群化の理論・体制化の理論**）。彼はそのまとまりを発生させる要因を**ゲシュタルト要因**と名づけました。

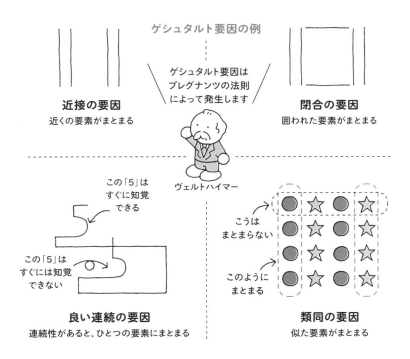

ゲシュタルト要因の例

ゲシュタルト要因は
プレグナンツの法則
によって発生します

近接の要因
近くの要素がまとまる

閉合の要因
囲われた要素がまとまる

ヴェルトハイマー

この「5」は
すぐに知覚
できる

この「5」は
すぐには知覚
できない

良い連続の要因
連続性があると、ひとつの要素にまとまる

こうは
まとまらない

このように
まとまる

類同の要因
似た要素がまとまる

ヴェルトハイマーは、人が物事**全体（ゲシュタルト）**（P083）を認識する際、受け取った刺激をなるべく単純明快な方向で認識しようとする傾向があると考えました。これを**プレグナンツの法則**といいます。さまざまな**ゲシュタルト要因**が発生する理由は、人間の心理に**プレグナンツの法則**が作用しているからなのです。

経験の要因

ヴェルトハイマー
P021

意　味　見たものを認識する際に、過去の経験が影響を与えること
があるということ

メ　モ　ゲシュタルト要因（P085）のひとつに数えられる。なお、経験
の要因は他の要因が同時に働くときは弱くなる

13

経験の要因
によって
まとまるので
A、13、C、D
とは読まない

A B C D
E F …

A、B、C、D…

経験上
A、B、C、Dと
読む

知覚から得る情報にノイズが多かったり、逆に情報自体が少なかった場
合、**経験**が認識に大きな影響を与えることがあります。これを経験の要
因といいます。例えば、崩れた文字の形から本来の文字を予測できるの
は、読む人の経験によるものです。また、だまし絵の内容が人によって
違って見える要因も、個人の経験が影響しています。

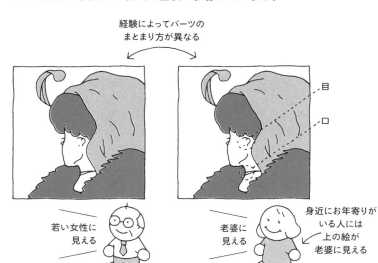

経験によってパーツの
まとまり方が異なる

目

口

若い女性に
見える

老婆に
見える

身近にお年寄りが
いる人には
上の絵が
老婆に見える

図　│　地
<small>ず　じ</small>

ルビン
P021

意　味　手前に浮き出て見えるまとまりとしての形が図、背景に広がっ
　　　て見える部分が地

文　献　『視覚的図形』（ルビン）

メ　モ　人は図と地の分化（分離）によって形を認識している

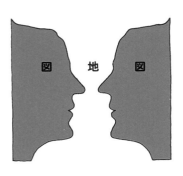

2つの顔を図と見たらその他の部分（壺）が地、
壺を図と見たらその他の部分（2つの顔）が地となる。
一方を図と認識すると、他方は地、つまり背景としてしか認識できない

ゲシュタルト心理学

ゲシュタルト心理学（P082）の形成に大きな影響を与えた**ルビン**は、手前
に浮き出て見えるまとまりとしての形を**図**、背景に広がって見える部分
を**地**と呼びました。有名なルビンの壺の絵の場合、2つの顔を**図**と見たら
その他の部分（壺）が**地**、壺を**図**と見たらその他の部分（2つの顔）が**地**
となります。人は**図**と**地**の分化（分離）によって形を認識しているのです。

図と認識されやすい条件の例

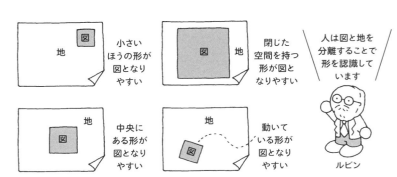

場

意　味　人が捉えるひとつの枠組み

文　献　『社会科学における場の理論』(レヴィン)

メ　モ　レヴィンはゲシュタルト心理学(P082)を社会心理学に適用し、「人の行動は場(環境)に左右される」とする場の理論を編み出した

レヴィン
P023

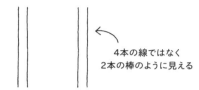

4本の線ではなく
2本の棒のように見える

私たちは通常、上図を4本の線とは捉えずに、2本の棒と捉えます。私たちは、一つひとつの要素を別々に見てそれらを結びつけているのではなく、物事を全体的に**ひとつの枠組み（場）**として捉えているからです。

ゲシュタルト心理学

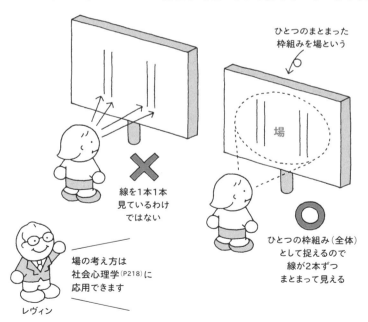

ひとつのまとまった
枠組みを場という

場

× 線を1本1本
見ているわけ
ではない

ひとつの枠組み（全体）
として捉えるので
線が2本ずつ
まとまって見える

場の考え方は
社会心理学(P218)に
応用できます

レヴィン

後に**レヴィン**は、世界を常に**場**として捉える人間心理を、**場の理論**(P218)として**社会心理学**(P218)に応用しました。

洞察学習

意 味	全体の状況を見通すことで、試行錯誤(P071)によることなく問題を解決をしようとする心の働き
文 献	『類人猿の知恵試験』(ケーラー)
メ モ	洞察学習の発見は認知心理学(P139)に大きな影響を与えた

ケーラー
P022

ゲシュタルト心理学(P082)は、**構成主義**(P059)にだけでなく、外部からの**刺激**に対する**反応**だけで人間を理解する**行動主義**(P072)にも疑問を投げかけました。**ケーラー**が行った実験で、チンパンジーは、**試行錯誤**(P071)の結果ではなく、状況を**全体(ゲシュタルト)的**に見通し、**瞬間的な洞察(アハ体験)**により問題を解決したからです(洞察学習)。

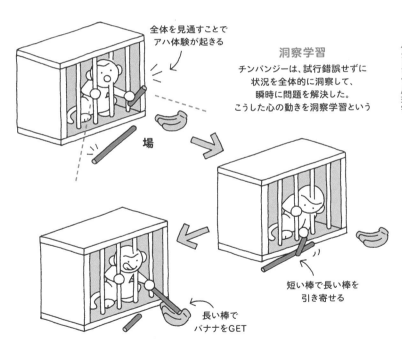

全体を見通すことで
アハ体験が起きる

洞察学習
チンパンジーは、試行錯誤せずに
状況を全体的に洞察して、
瞬時に問題を解決した。
こうした心の動きを洞察学習という

場

短い棒で長い棒を
引き寄せる

長い棒で
バナナをGET

つまりチンパンジーの**意識**の中で、**思考**による**認知**(判断)が行われたのです。この実験結果は、**意識**や**心**の存在を排除した**行動主義のS-R理論**(P073)では説明がつきません。**洞察学習**の発見は今日の**認知心理学**(P139)に大きな影響を及ぼしました。

精神分析

無意識

意　味	自分では認識できない抑圧されている意識のこと
文　献	『精神分析入門』（フロイト）
メ　モ	今日、フロイトの「無意識」は実証できないため、科学的な概念とはいえないという批判もある

フロイト
P018

永らく、自分の行動は自分で理性的に決めていると考えられてきました。ところが**フロイト**は、人の行動の大部分は理性でコントロールできない無意識に支配されていると主張しました。

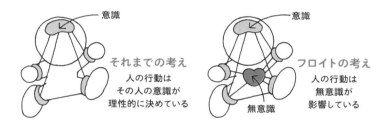

精神科医であった**フロイト**は、神経症状のひとつである健忘症を研究する過程で、**無意識**の存在に気づきました。個人の忘れたい記憶は**無意識**の中にしまい込まれ、普段は意識できないようにされています。ところがときに、神経症状となって現れることがあると彼は考えました。

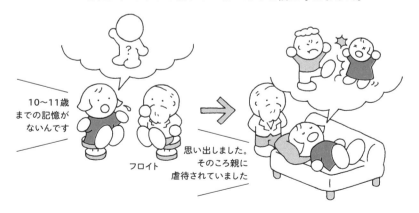

フロイトは、患者にリラックスした状態で過去の記憶をたどってもらった。
その結果、思い出したくない記憶が健忘症という神経症を引き起こすことに気づいた

精神分析

他にも、動機が不明な行動や思いつき、ささいな言い間違い、夢などは、すべて**無意識**が原因だと**フロイト**はいいます。

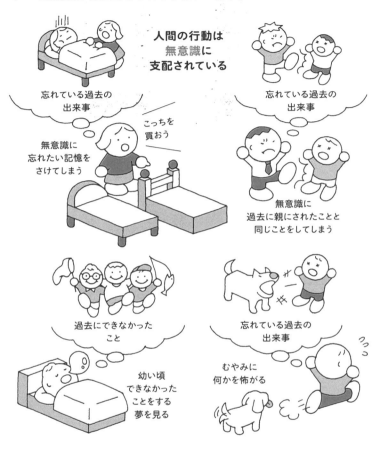

フロイトは心を意識・前意識・無意識という３つの層に分けて理解しました（局所論）。そして、普段は**無意識**の中に抑圧されている記憶が、何かの拍子に意識の中に入ることで、さまざまな行動が生まれるのだと主張しました。

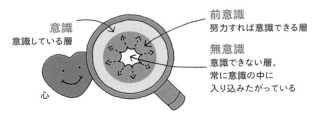

エス｜自我｜超自我

意　味　エスは欲動の貯蔵庫。自我は意識の中心。超自我は良心
文　献　『自我とエス』（フロイト）
メ　モ　フロイトは人間の本能に似た精神エネルギーを欲動と呼び、そのエネルギーはエスにあるとした

フロイト
P018

フロイトは心を**意識、前意識、無意識**の３層に分けて考えていました（局所論P093）が、のちにエス（イド）、自我（エゴ）、超自我（スーパーエゴ）の３層に分けて考えるようになります。

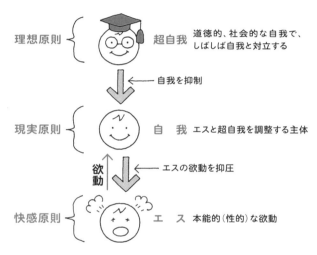

- 理想原則｛ 超自我　道徳的、社会的な自我で、しばしば自我と対立する
- ← 自我を抑制
- 現実原則｛ 自　我　エスと超自我を調整する主体
- 欲動 ← エスの欲動を抑圧
- 快感原則｛ エ　ス　本能的（性的）な欲動

精神分析

エスは、本能的な**欲動**である**リビドー**（P096）を中心とする無意識的な心的エネルギーの貯蔵庫で、ただ快楽だけを求める快感原則に基づいています。一方、自ら生きていくため**自我**は、理想原則に基づく**超自我**に抑制されながらも、現実原則に基づいて**エス**の欲動を抑圧しています。

快感原則
ただ快楽のみを求める
心の働き

現実原則
欲動を抑圧しつつ現実生活に
適応しようとする心の動き

理想原則
社会で良心的に生きていこう
とする理想的な心の動き

自我は生まれたときから存在するわけではなく、人間の本能的な欲動を含む**エス**とそれを**抑圧**するために後天的に生まれます。**自我**つまり私は、確固たるものではなく、常に**エス**に突き上げられている不安定なものなのです。

女の子

幼児性欲を
満たしたい！

母親を独り
占めしたい！

男の子

エス
乳幼児にあるのは
本能的な欲動（リビドー）を蓄えた
無意識の領域であるエスのみ

自我の誕生
女の子に父親への
愛情が芽生える

自我の誕生
男の子に母親への
愛情が芽生える

エレクトラコンプレックス
(P099)
女の子は母親に嫉妬する

エディプスコンプレックス
(P099)
男の子は父親に嫉妬する

(P099)

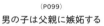

父親の情を得るため母親を同一視し、
尊敬することにより、
母親への憎悪は抑えられる

母親の愛情を得るため父親を同一視し、
尊敬することにより、
父親への憎悪は抑えられる

壊しちゃだめ

超自我の誕生
エスを抑圧し、
自我をチェックする、道徳的、
社会的な超自我が生まれる

自我は、超自我を
手本としながら
エスを抑圧しつつ
生きていく

精神分析

リビドー

意　味	本能的なエネルギーである性的欲動。ただし乳幼児のリビドーは12歳以降のそれとは異なる
文　献	『性欲論三篇』(フロイト)
メ　モ	リビドーとは、もともとは「欲望」を意味するラテン語

フロイト
P018

本能的なエネルギーである**性的欲動**を**フロイト**は**リビドー**と呼び、**リビドー**が人間の主な原動力だと考えました。**フロイト**によれば、生まれたばかりの乳児にも**リビドー**は存在し、発達とともに**リビドー**は口唇期、肛門期、男根期、潜伏期、性器期と変化していきます。各時期に見合った性的欲動がうまく満たされると、**リビドー**はスムーズに変化していきます。

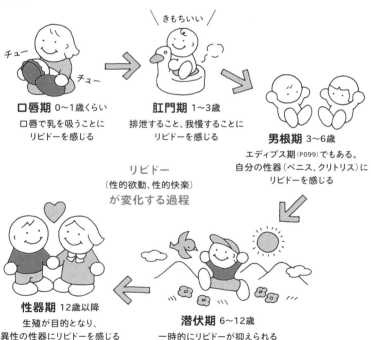

きもちいい

口唇期 0〜1歳くらい
口唇で乳を吸うことに
リビドーを感じる

肛門期 1〜3歳
排泄すること、我慢することに
リビドーを感じる

男根期 3〜6歳
エディプス期 (P099) でもある。
自分の性器 (ペニス、クリトリス) に
リビドーを感じる

リビドー
(性的欲動、性的快楽)
が変化する過程

性器期 12歳以降
生殖が目的となり、
異性の性器にリビドーを感じる

潜伏期 6〜12歳
一時的にリビドーが抑えられる

ところが各時期で、**リビドー**が通常の満たされ方をしない場合、大人になってから、その時期に固着した症状が現れると**フロイト**は考えました。彼は6歳くらいまでの経験が、その後の人生を大きく左右するといいます。

精神分析

口唇期にうまくリビドーが満たされなかった場合

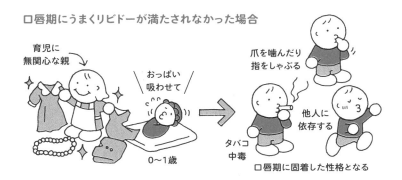

育児に無関心な親

おっぱい吸わせて

0〜1歳

爪を噛んだり指をしゃぶる

他人に依存する

タバコ中毒

口唇期に固着した性格となる

肛門期にうまくリビドーが満たされなかった場合

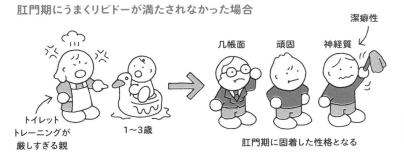

トイレットトレーニングが厳しすぎる親

1〜3歳

几帳面　頑固　神経質

潔癖性

肛門期に固着した性格となる

男根期にうまくリビドーの制限ができなかった場合

通常は、父（母）親には敵わないことを知り父（母）親と仲良くなって母（父）親への性愛を諦める

3〜6歳の幼児はエディプス期であり、異性の親を独り占めしたいことから父（母）親を憎む

父親が留守をしがちだったり夫婦仲が悪かった場合

母（父）親との絆が強くなりすぎる

ラッキー

見栄っ張り　消極的

マザコン（ファザコン）

精神分析

097

エディプスコンプレックス

意　味	男根期の子どもが同性の親に持つコンプレックス
文　献	『エディプス・コンプレックスの崩壊』（フロイト）
メ　モ	ギリシャ神話に登場するエディプス（オイディプス）が、父親を殺して母親と結ばれた悲劇が語源

フロイト
P018

人間行動の主な原動力は、性的な欲望だと**フロイト**は考えました。**フロイト**によれば、男の子の場合、**3歳から6歳**（男根期P096）くらいになると、母親と結ばれたいと無意識に考えるようになります。そして母親の愛情を独り占めしたいという気持ちから父親を疎ましく感じ始めます。

エディプスコンプレックス（男の子の場合）

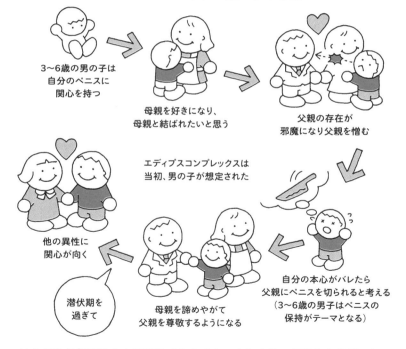

3〜6歳の男の子は
自分のペニスに
関心を持つ

母親を好きになり、
母親と結ばれたいと思う

父親の存在が
邪魔になり父親を憎む

エディプスコンプレックスは
当初、男の子が想定された

自分の本心がバレたら
父親にペニスを切られると考える
（3〜6歳の男子はペニスの
保持がテーマとなる）

他の異性に
関心が向く

潜伏期を
過ぎて

母親を諦めやがて
父親を尊敬するようになる

けれども父親は強く太刀打ちできません。もし自分の気持ちを父親に知られたら大変です。子どもは心の葛藤をへて、やがて母親を諦めて**潜伏期**（P096）に入ります。その後、**性器期**（P096）には他の異性に関心を持ち、父親のことも尊敬するようになっていきます。

エレクトラコンプレックス（女の子の場合）

女の子のエディプスコンプレックスはのちにユングによってエレクトラコンプレックスと呼ばれた

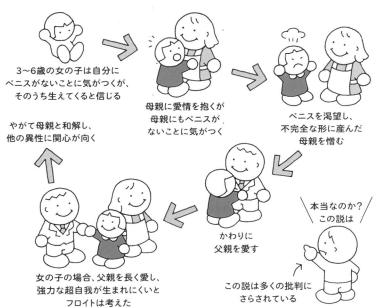

3～6歳の女の子は自分に
ペニスがないことに気がつくが、
そのうち生えてくると信じる

母親に愛情を抱くが
母親にもペニスが
ないことに気がつく

ペニスを渇望し、
不完全な形に産んだ
母親を憎む

やがて母親と和解し、
他の異性に関心が向く

かわりに
父親を愛す

本当なのか？
この説は

女の子の場合、父親を長く愛し、
強力な超自我が生まれにくいと
フロイトは考えた

この説は多くの批判に
さらされている

異性の親に対する性欲から、同性の親に対抗心を抱くことを**フロイト**は
エディプスコンプレックスと名づけ、そうした葛藤の時期をエディプス
期（3～6歳）と呼びました。

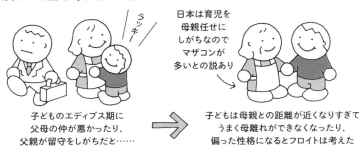

ラッキー

日本は育児を
母親任せに
しがちなので
マザコンが
多いとの説あり

子どものエディプス期に
父母の仲が悪かったり、
父親が留守をしがちだと……

子どもは母親との距離が近くなりすぎて
うまく母離れができなくなったり、
偏った性格になるとフロイトは考えた

エディプス期に父母の仲が悪かったり、父親が留守をしがちだと、母親
との距離が近くなりすぎ（男の子の場合）、うまく母離れができなくなる
と**フロイト**は考えました。そうすると大人になっても**エディプスコンプ
レックス**を引きずってしまうというのです。子どもは３～６歳の間に同
性の親から社会性を学ぶと**フロイト**は考えていたことになります。

防衛機制

意　味　心的ストレスを回避するための自我の働き
文　献　『自我と防衛機制』（アンナ・フロイト）
メ　モ　ジグムント・フロイトによって編み出された概念だが、後に娘のアンナ・フロイト（P023）によって整理された

フロイトなど
P018

自我は、常に**エス**から浮上してくる欲動にさらされています（P094）。そのため**自我**は自らの崩壊を防ぐため、いろいろな**心理的防御策**をとっていると**フロイト**は考えました。この心の働きを自我防衛機制といいます。防衛機制における**自我**の働きは、意識的に、またしばしば**無意識的**に行われます。**防衛機制**には、抑圧、反動形成、同一化、合理化、退行、**昇華**（P102）といったさまざまな種類があります。

精神分析

抑圧

不愉快な体験や記憶を無意識の領域に
押し込み、忘れようとする心の動き

昔よく先生に
怒られてたよね

そうだっけ
全然覚えてない

同一化

あこがれの人物と同じ言動をすることで
その人になりきって自分の不安や欲動を
解消しようとする心の動き

アイドル
になりきる

反動形成

人は同時に違う意識を持つことはできない。
そこでエスの欲動を抑えるために、
本心と反対のことを意識し、
本心を抑えようとする心の動き

Aさんは本当に
いい人よね

Aさん

本当は
Aさんの
ことが
大嫌い

合理化

欲望が満たされないときに、
合理的な理由をつくり上げ、
自分を納得させようとする心の動き

本当は高くて
買えない

あれは私には
似合わない

100万円

逃避

空想、仕事、ギャンブル、病気などによって、
現実と向き合うことから
逃げようとする心の動き

退行

現在の自我の状態ではうまく
問題解決ができなくなり、
子どもの頃の自我の状態に逆戻りして、
問題を解決しようとする心の動き

わーん、わーん
ボク社長に
なりたいの

泣きわめいて問題を
解決しようとする。つまり幼児期の
解決策をとろうとする

置き換え

抑圧された感情を別の対象に
置き換えて発散させようとする心の動き

何やってんだ！

上司

何やってんだ！

部下

投射

自分の中にある受け入れがたい
欲動と同じ欲動を相手が持っていると
考え、それを非難することで
不安を解消しようとする心の動き

お酒は
やめなさい！

実は
アルコール依存症

補償 (P118)

劣等感を他の方法で補おうとする
心の動き

勉強はできないけど
絵は上手

昇華

意　味　抑圧された欲動を社会的に認められる行動に置き換えること。防衛機制のひとつに数えられる

文　献　『ナルシシズム入門』(フロイト)

メ　モ　昇華によって文化・文明が発展してきたとフロイトは考えた

フロイト
P018

フロイトが最も重要視した**防衛機制**(P100)のひとつが昇華です。**昇華**は抑圧されている社会的、文化的に認められない欲動を、認められる行動に置き換えることで満足させる心の動きを指します。つまり、**置き換え**(P101)の健全なバージョンです。性的欲動を芸術に向けたり、攻撃的欲動をスポーツに向けるといった行動が代表例といえます。

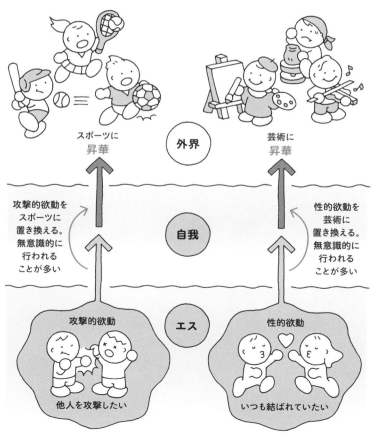

スポーツに
昇華

外界

芸術に
昇華

攻撃的欲動を
スポーツに
置き換える。
無意識的に
行われる
ことが多い

自我

性的欲動を
芸術に
置き換える。
無意識的に
行われる
ことが多い

攻撃的欲動

エス

性的欲動

他人を攻撃したい

いつも結ばれていたい

エロス｜タナトス

意 味	エロスは「生の欲動」。タナトスは「死の欲動」
文 献	『快楽原則の彼岸』（フロイト）
メ モ	フロイトは晩年、リビドーをエロスと呼び換えて、タナトスに対する概念とした

フロイト
P018

精神分析

タナトス
自ら死に向かおうとする欲動

破壊行動

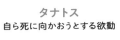

無という静寂の世界

快楽原則（P094）や
現実原則（P094）では
説明がつかない
心の動きがあるぞ

人は生まれる前の
葛藤のない無機物に
戻りたいと思う欲望が
あるに違いない

無差別殺人　　自傷行為

フロイトはタナトスがさまざまな
行動となって現れると考えた

エロス（リビドー）
性的欲動や生きようとする欲動

チュー
チュー

タナトスの
反対が
エロス

エロスは
わかりやすい
欲動だ

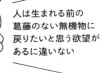

生き
ようとする
欲動

性的欲動

フロイトは晩年、
リビドー（P096）をエロスと呼び換えて
タナトスに対する概念とした

フロイトは晩年、自傷行為や無差別殺人といった**快楽原則**（P094）と**現実原則**（P094）だけでは説明のつかない行動を説明するために、タナトスという概念を導入しました。すべての生物は、自分が生まれる前の無機物の状態に戻ろうとする欲動があるというのです。このような**死の欲動**が**タナトス**です。対して、性的欲動や自己保存欲動といった、生きようとする本能的な**生の欲動**をエロス（リビドー）と呼びました。

精神分析

意　味	無意識を意識化させて分析するフロイトが始めた研究
文　献	『精神分析入門』（フロイト）
メ　モ	精神分析は客観的な方法ではないため、科学ではないという批判もある

フロイト
P018

精神科医であった**フロイト**が、患者の治療のためにとった主な**心理療法**(P114)は**自由連想法**と呼ばれています。**自由連想法**とは、患者をソファーに寝かせ、リラックスさせた状態で心に浮かんだことを語らせ、抑圧された無意識内の願望や衝動を明らかにしていく方法です。無意識を意識化させて分析するフロイト独自の研究は**精神分析（精神分析療法）**として発展していくことになります。

フロイトの自由連想法

夢判断

意 味	夢を無意識の欲動が形を変えて現れるイメージと定義し、夢の内容で無意識の欲動を明らかにする方法
文 献	『夢判断』(フロイト)
メ モ	夢のイメージは主に性欲を表すとフロイトは考えた

フロイト
P018

フロイトは夢を「睡眠で**自我**(P094)の抑圧が低下することによって、無意識の中から**欲動（リビドー）**(P096)が浮かび上がり、それが意識と混ざり合うことでつくられるもの」と定義しました。彼は、**夢の内容を分析（夢判断）**することによって、抑圧された無意識内の**欲動**を明らかにしていくことができると考えました。**夢判断**も**自由連想法**(P104)と同じく、**フロイト**にとって重要な**精神分析療法**(P104)のひとつでした。

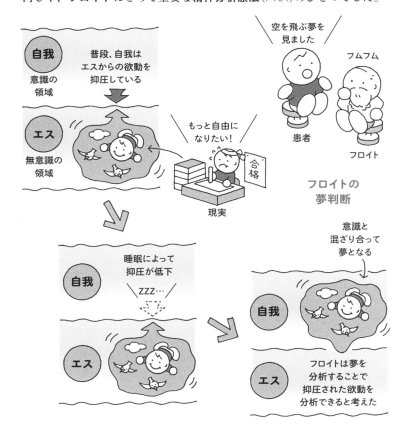

集合的無意識

意　味	人の心の最深部にある人類共通の無意識
文　献	『無意識の心理』(ユング)
メ　モ	フロイトは個人的無意識だけを問題にしたため、ユングの集合的無意識という発想は、フロイトと仲違いをするきっかけとなった

ユング
P020

フロイト(P018)の弟子であった精神分析学者の**ユング**は、世界各国に似たような模様がたくさんあることに気がつきました。また、世界各国の神話にも共通点が多いことを知りました。

これらの事実から**ユング**は、無意識の領域のもっと奥底に、**人類の祖先から脈々と受け継がれている記憶**(元型P108)を保存する集合的無意識の領域があるのではないかと考えました。

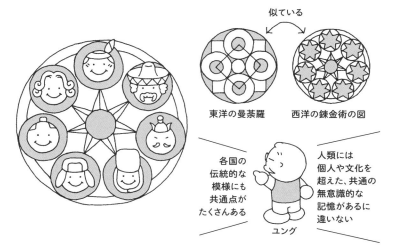

精神分析

106

ユングの考えでは、**自我**（個人の意識）のもとに、個人的な感情や記憶が貯蔵されている個人的無意識があります。そしてそのさらに奥底に、個人や文化を超えた人類共通の記憶が保存されている**集合的無意識**があるという構造で心を捉えようとしました。

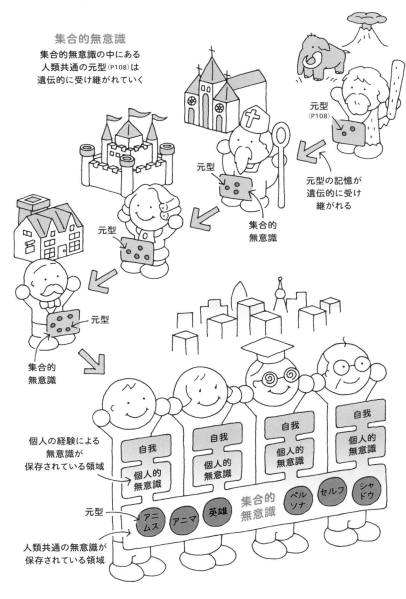

集合的無意識

集合的無意識の中にある
人類共通の元型(P108)は
遺伝的に受け継がれていく

元型
(P108)

元型の記憶が
遺伝的に受け
継がれる

元型

集合的
無意識

元型

元型

集合的
無意識

個人の経験による
無意識が
保存されている領域

自我

個人的
無意識

自我

個人的
無意識

自我

個人的
無意識

自我

個人的
無意識

元型

アニムス　アニマ　英雄

集合的
無意識

ペルソナ　セルフ　シャドウ

人類共通の無意識が
保存されている領域

元型 （げんけい）

意 味	集合的無意識の中にあるさまざまなイメージのこと
文 献	『無意識の心理』（ユング）
メ モ	元型とは、「母」、「男性」、「英雄」などに対する人類共通の「概念」ということができる

ユング
P020

ユングは、世界各国に存在する模様や神話に共通点が多いことを知りました。この事実から、人の心には、人類の祖先から遺伝的に伝わる集合的無意識（P106）の領域があるのではないかと考えました。そして集合的無意識の中に保存されている要素を元型と名づけます。元型はさまざまなイメージとなって意識化されますが、元型そのものを意識することはできません。

精神分析

元型

人類共通の意識である集合的無意識の中に
保存されている要素を元型という。
元型には、グレートマザー、老賢人、セルフなどがある

夢の中などで
これらの
イメージとなって
意識化される

聖母　　　偶像　　　海

グレートマザー

すべての人類の無意識の中にある「母なるもの」。
優しさと包容力を兼ね備えるが、
束縛もする人物となって意識化される

元型の意識化
（例：グレートマザー）

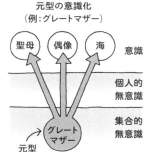

意識

個人的
無意識

集合的
無意識

元型

ヴィーナス　　賢女　　　娼婦

アニマ

すべての男性の無意識の中にある女性像。
夢に出てくる魅力的な女性は、
アニマが元となって表れたものといえる

学者　たくましい男性　リーダー

アニムス

すべての女性の無意識の中にある男性像。
たくましい男性、博識な学者、
リーダーなどのイメージとなって意識化される

親切な老人　　太陽、稲妻　　父親、上司　　魔法使い

老賢人（オールド・ワイズマン）

すべての人類の無意識の中にある理想の父親像。
老賢人は、倫理、権威、秩序の元型でもある。
ただしこの元型に束縛されてしまうと、かえって心の自由が奪われる

同性に自分のシャドウを　　おばけ　　悪魔　　喋る動物
見ることがある

シャドウ（影）

自分の無意識の中にあるもうひとつの自分。
悪のイメージや負のイメージとなって意識化されることが多い。
ただしシャドウの否定は、自分の潜在的な可能性の否定にもつながる

イタズラ　　ピエロ
好きの小人

トリックスター

すべての人類の無意識の中にある、
権力や秩序を破壊しようとする要素。
道化師のようなイメージで意識化される

神　　　光　　　美しい模様

セルフ（自己）

完全な自分像。真の自分像。
十字架や曼荼羅などの美しい形や模様、
光などのイメージとなって意識化される

英雄

すべての人類の無意識の中にある英雄像。
昔話の英雄などとなって意識化される

ペルソナ

無意識の中にある、社会に適応する
ための人格。場面に応じて用いる
仮面（ペルソナ）にたとえられた

元型には、**グレートマザー**、**アニマ**、**アニムス**などがあり、それらは私
たちの行動に大きな影響を与え続けていると**ユング**は考えました。

外向型｜内向型

ユング
P020

意　味　心的エネルギー（興味や関心）が、自分の周囲の環境に向かう傾向が外向性、自分の内面に向かう傾向が内向性

文　献　『タイプ論』（ユング）

メ　モ　性格をいくつかのタイプに分類することを類型論(P275)という

ユングは精神科医としての経験から、人間には外向性と内向性があると考えました。**外向性**とは、心的エネルギー（興味や関心）が、自分の周囲の環境に向かう傾向を指します。**外向性**が強い外向型の人は、明るく社交的な一方、熱しやすく冷めやすい面があります。心的エネルギーが自分の内面に向かう**内向性**が強い内向型の人は、内気で非社交的と評価されますが、我慢強く思慮深い面があります。

精神分析

外向型
エネルギーが自分の外に向かうタイプ

明るく社交的だが、物事の判断の
基準が周囲に左右されやすい

内向型
エネルギーが自分の内に向かうタイプ

消極的で社交的ではないが、ひとりでも
平気なので心はいつも充実している

さらにユングは、心には4つの機能（働き）があると考え、心の機能を思考機能、感情機能、感覚機能、直観機能に分類します。そしてこの4つの機能ごとにそれぞれ**外向性**と**内向性**があるとしました。

心の4つの機能

思考機能
物事を合理的に
判断する心の機能

感情機能
物事を感情で
判断する心の機能

感覚機能
物事を快・不快で
判断する心の機能

直観機能
物事を直観で
判断する心の機能

性格の8つのタイプ（類型）

	外向型	内向型
思考機能が強いタイプ	**外向思考型** 私は仕事が大好きです 現実の社会について合理的に対処できるエリートビジネスマンタイプ	**内向思考型** 理屈大好き 他人の意見に左右されない学者肌のタイプ。現実的なことより、抽象的なことに興味がある
感情機能が強いタイプ	**外向感情型** おしゃべり大好き！ 他人の感情に共感できるので人気者。社交的なタイプ	**内向感情型** 内面の充実が大事 感受性が強く、好き嫌いがはっきりしているが、それを外に出さないタイプ
感覚機能が強いタイプ	**外向感覚型** 美しいもの美味しいもの大好き！ 見たり、聞いたり、食べることが好きで、日々の生活を楽しむ快楽主義者	**内向感覚型** あの雲はなぜ私を待ってるの？ 空想好きで、日常の中に人とは違う感動や驚きを見出すタイプ
直観機能が強いタイプ	**外向直観型** レッツトライ！ 常に新たな可能性を求める冒険家タイプ。単調な生活を好まない	**内向直観型** ひらめいた！ ひらめきや直観で行動する天才芸術家タイプ。社交性がないため、変人と見られることもある

精神分析

臨床心理学

心理療法

文　献　『精神分析入門』(フロイト)、『クライエント中心療法』(ロジャーズ)など

メ　モ　心理療法は主にカウンセラーがカウンセリング(相談・助言)することによって行われる

フロイトなど
P018

フロイトなど
P018

心理学は基本的に、一般的な人間心理の法則を、実験を通じて科学的に解明しようとする学問です(実験心理学P058)。これに対して臨床心理学は、**心の問題を抱える個人(クライエント)**の援助、治療を目的とします。

基本的な心理学
(実験心理学(P058)など)
人類に共通した心理を明らかに
するのが目的。実験や実証を重んじる

フムフム

臨床心理学
一人ひとりの個人的な
心の問題を治すのが目的。
その方法として心理療法がある

一緒に心の病気を
治しましょう

クライエントの**治療方法**には、投薬と心理療法の2つがあります。**心理療法**には、**フロイト**(P018)が創始した❶**精神分析**(P104)、**行動主義**(P072)の考えを基盤とした❷**行動療法**、**ロジャーズ**(P025)の❸**クライエント中心療法**(P128)、**認知心理学**(P139)を基盤とした❹**認知療法**(P134)などがあり、現在は❷と❹を併用した**認知行動療法**が中心となっています。

空の意味は
○○です。
あなたは今、○○を
望んでいます

空が
見えます

フロイト

❶**精神分析**(P104)
クライエントの
無意識を意識化させて
心の問題を解決する。
自由連想法(P104)や
夢判断(P105)などがある

子犬から
慣らして
いきましょう

犬が
怖いんです

ウォルピ (P030)

❷行動療法

間違った条件づけ(P069)による学習を、
訓練によって新しい条件づけに変え、
行動を変化させる療法。
逆制止法(P078)や
系統的脱感作(P079)がある。
のちにアイゼンク(P030)は行動療法だけが
効果的な心理療法だと主張した

自分に
自信が
持てません

それは
辛い
ですね

ロジャーズ (P025)

何もかも
うまくいきません。
僕はもう
ダメです

そんなことは
ありません。
物事の見方を
変えてみましょう

ベック (P031)

❸クライエント中心療法 (P128)

クライエントの考えを無条件に肯定しながら、
クライエント自身が問題解決するのを助ける療法

❹認知療法 (P134)

クライエントの間違った認知を
カウンセリングによって修正する療法

心理療法には他にも、**パールズ**(P023)の**ゲシュタルト療法**(P125)、**エリス**(P029)の**論理療法**(P133)などがあります。

心に穴が
空いています

その穴は
何で
しょうね

パールズ (P023)

ゲシュタルト療法 (P125)

クライエントが自分の中のさまざまな
気持ちに「気づく」ことを
手助けする療法

失恋したので
もうダメです

あなたの
悩みの原因は
失恋そのものでは
ありません

エリス (P029)

論理療法 (P133)

考え方を変えることによって
悩みを解消していく療法。クライエントと
カウンセラーが討論することもある

アドラー心理学

意　味　アドラーによる、行動の原因よりも目的を重視する心理学
文　献　『人生の意味の心理学』(アドラー)
メ　モ　アドラー心理学は、個人はそれ以上分割できないと考えることに由来して、**個人心理学**ともいう

アドラー
P020

アドラーは**フロイト**の**精神分析**(P104)に大きな影響を受けましたが、**フロイト**が人間の行動の**原因**を研究したのに対し、**アドラー**は原因ではなく**目的**に注目しました。個人心理学とも呼ばれるアドラー心理学は、心を治療するための心理学です。そこには**目的論的、全体論的、機能主義的、実存主義的**などの視点が含まれています。

アドラー心理学は**目的論**

経験や感情が原因となって行動という結果を引き起こす（原因論）とは考えず
目的を遂行するために経験や感情を利用すると考える（目的論）。

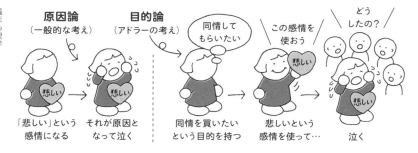

アドラー心理学は**全体論・機能主義**

アドラーは個人をそれ以上分割できない最小の単位と考える（個人心理学）。
例えば、感情と思考は個人の中で対立しているものではなく、
個人という全体が、自分の目的を達成するために、感情や思考という機能を使う

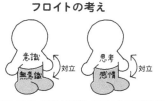

フロイトは、思考と感情、意識と無意識は個人の中で
対立していると考えた。一方、アドラーは思考や感情は
目的遂行のための機能だと考える

116

フロイトの考え

フロイトは、自分の行動は自分の意思によるものではないと考えた

過去の経験　　　怖いという感情が生まれる　　　経験が行動を左右する

アドラーの考え

過去の
経験による
感情を
利用して
逃げる

アドラー心理学は実存主義

アドラーは、自分の行動は無意識や感情に左右されるのではなく
自分の主体的な意思によるものと考える

アドラー心理学は現象学

客観的な事実ではなく、現象に対する
主観的な意味づけを重視する

（ライフスタイル：P121）

アドラーは「事実」は
私がつくり出していると考える。
つまり私が認識を変えれば、Aさんは
怖い上司から優しい上司になる

アドラー心理学は対人関係論

人間が抱える問題は、
個人の内面に起きるのではなく、
すべて対人関係上の問題であると考える。
よってアドラー心理学は
社会心理学的な傾向がある

（共同体感覚：P123｜課題の分離：P120）

普通は
問題（課題）は私の
内面にあると考える

アドラーは、すべての問題は
他人との間にあり、それを
私が抱えていると考える

補償

意 味	劣等感を克服しようとする心の働きのこと
文 献	『器官劣等性の研究』(アドラー)
メ モ	成績の悪さを補償する場合、勉強そのものを頑張る場合と、スポーツなど、他の分野で補おうとする場合がある

アドラー
P020

アドラーは**フロイト**(P018)の**精神分析**(P104)に大きな影響を受けましたが、**性的エネルギー**が人間を動かしているとは考えませんでした。**アドラー**は**防衛機制**(P100)の中でも、特に補償を重要視します。**劣等感を補償**しようとする心の動きが行動のエネルギーだと考えたからです。**アドラー**によれば、他人より優れていたいという**優越欲求**がそうした心の動きを生み出します。

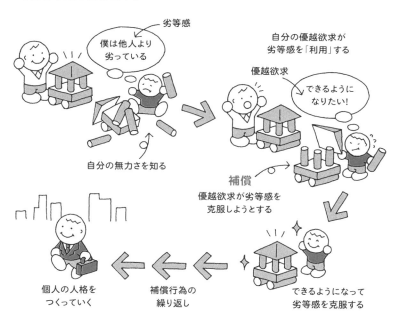

人は小さいときから、**優越欲求**がありますが、周囲は、大人や、年上の子、優れた子ばかりで、あらゆる面で歯が立ちません。けれどもそこから、劣等感を克服しようという行動（**補償行為**）が生まれます。そしてその行動が**ライフスタイル**(P121)となり、個人の人格を形成していくと**アドラー**は考えました。

劣等コンプレックス

意　味	自分の劣等感に固執すること、それを誇示して言い訳をすること
文　献	『人生の意味の心理学』(アドラー)
メ　モ	身体機能が、客観的に他人より劣っていることを器官劣等性、主観的に「他人より劣っている」と思い込むことを劣等感という

アドラー
P020

人生の課題を克服することを拒否する口実として、自分自身の劣等感を誇示して自分と他者をあざむくことを劣等コンプレックスといいます。例えば、友人ができない理由をもともとの劣等感である身長のせいにするなどです。また、劣等感を克服できず、他人に対する優越感をたえず追い求めることを優越コンプレックスといいます。

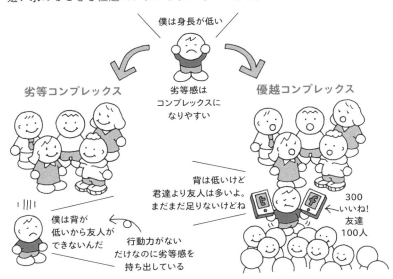

劣等感は一歩間違えば劣等コンプレックス（あるいは優越コンプレックス）につながってしまいます。けれども劣等感とは本来、自信と生きがいを生むために利用すべきものだとアドラーは考えます。

課題の分離

意　味	他人が克服すべき課題と自分が克服すべき課題を分けること
文　献	『人生の意味の心理学』(アドラー)
メ　モ	承認欲求は他人の課題に介入することであり、自分の自由を奪うとアドラーは考えた

アドラー
P020

自由に生きるためには、**他人が克服すべき課題**と**自分が克服すべき課題**を明確に分ける必要があると**アドラー**は考えました（課題の分離）。

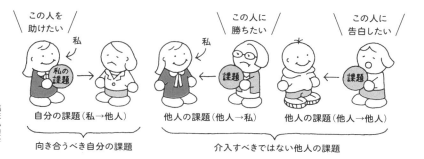

この人を助けたい　私
自分の課題（私→他人）
向き合うべき自分の課題

この人に勝ちたい　私
他人の課題（他人→私）

この人に告白したい
他人の課題（他人→他人）
介入すべきではない他人の課題

例えば、好きでもない人に愛を告白された場合、たとえ相手が傷ついたとしても、受け入れる必要はありません。心の傷を克服するのはあなたの課題ではなく、相手の課題だからです。

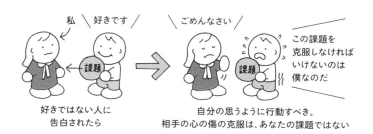

私　好きです
好きではない人に告白されたら

ごめんなさい
この課題を克服しなければいけないのは僕なのだ
自分の思うように行動すべき。
相手の心の傷の克服は、あなたの課題ではない

他人の人生ではなく自分の人生を生きるためには、他人の評価を気にしてはいけません。なぜなら自分を評価するのは他人の課題であり、他人の感情をコントロールすることは自分にはできないからです。

みんな僕のことどう思っているのかな？
他人の課題を自分の課題と錯覚して気に病んではだめ

ライフスタイル

意　味	個人が選択しがちな思考や行動のパターン
文　献	『個人心理学の技術』(アドラー)
メ　モ	アドラーは、人間の悩みはすべて対人関係の悩みであると考えた

アドラー
P020

個人の世界観に基づいて、個人が選択する思考や行動のパターンを**アドラー**は**ライフスタイル**と呼びます。**ライフスタイル**は個人が成功と失敗を繰り返し、「〜のときは〜をするほうが良い」ということを学びながら形成されます。

人は、しばしば自分の**ライフスタイル**に基づいて行動します。例えば他人が怖い人は、他人を避けるという**ライフスタイル**に従います。長く続けてきた**ライフスタイル**は、たとえ自分が不幸だと感じるものであっても、変えるのは困難です。ただし、**共同体感覚**(P123)を持てば、幸福な**ライフスタイル**に変えることができると**アドラー**はいいます。

共同体感覚

意　味	個人が共同体に所属することで覚える信頼感や貢献感
文　献	『人生の意味の心理学』(アドラー)
メ　モ	共同体感覚は、誰もが生まれつき持っているが、潜在的な可能性なので、意識して育てなければならないとアドラーはいう

アドラー
P020

自由に生きるためには、まず、他人が克服すべき課題と自分が克服すべき課題を明確に分ける必要があると**アドラー**は考えました（課題の分離 P120)。他人の人生を歩むのではなく、自分の人生を歩まなくてはいけません。

他人の人生ではなく自分の人生を歩むためには
他人の課題と自分の課題を分けるべきだとアドラーは考えた

キッパリと
分けることが大事

けれども、周りの人間はみんな敵であるという考えに陥ってしまったら、それが一番不幸であると**アドラー**はいいます。幸福に生きるためには、自分は周囲を取り巻く**共同体の一員**であると感じることを忘れてはいけません。自分と他人の課題をはっきりと区別したうえで、お互いに協力しながら、それぞれの課題を解決しようとすることが大切です。

共同体感覚が不足している場合

他人はみんな敵だ。
僕を落とし入れ
ようとしている

共同体感覚がある場合

共同体感覚

みんな
仲間だ

共同体感覚が
あれば幸福

臨床心理学

122

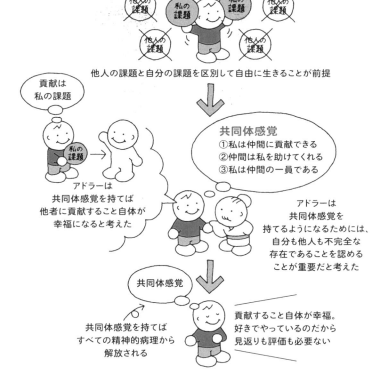

他人の課題と自分の課題を区別して自由に生きることが前提

貢献は
私の課題

私の
課題

アドラーは
共同体感覚を持てば
他者に貢献すること自体が
幸福になると考えた

共同体感覚
①私は仲間に貢献できる
②仲間は私を助けてくれる
③私は仲間の一員である

アドラーは
共同体感覚を
持てるようになるためには、
自分も他人も不完全な
存在であることを認める
ことが重要だと考えた

共同体感覚

共同体感覚を持てば
すべての精神的病理から
解放される

貢献すること自体が幸福。
好きでやっているのだから
見返りも評価も必要ない

共同体への所属感、信頼感、貢献感を合わせた感覚を共同体感覚といいます。この感覚を持てば他人への貢献自体が幸福に感じられるようになり、見返りも必要なくなります。他人の目も気にならなくなり、精神的な病理から解放されるとアドラーは主張します。こうした助け合いの基本はお互いに「ありがとう」と伝えることだと彼はいいます。**共同体感覚を持つ者同士が、お互いに自分の貢献を実感できるからです。**

何か
手伝おうか？

ありがとう

確かに
貢献できた

アドラーは、助け合いの基本は感謝の気持ちを伝えることだと考えた。
そうすればお互いに自分が貢献できていることを実感できる

ゲシュタルト療法

意 味	クライエントが自分の中のさまざまな気持ちを受け入れることを目指す、精神分析とクライエント中心療法をもとにパールズが始めた心理療法
文 献	『ゲシュタルト療法』（パールズ）
メ モ	ゲシュタルト療法はゲシュタルト心理学(P082)とは無関係

パールズ
P023

フロイト（P018）と同じようにパールズも、幼児期の未解決の問題が、無意識的に心の問題を引き起こしていると考えました。けれどもパールズは、問題は過去にあるのではなく、今、心の中にあるだけだと考えます。トラウマは今、心の中にあるのですから、その問題は、今ここで変えていくことができるわけです（今の原則）。

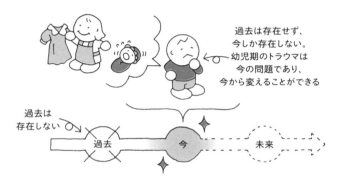

過去は存在せず、今しか存在しない。幼児期のトラウマは今の問題であり、今から変えることができる

過去は存在しない

過去　今　未来

例えば、幼児期の母親との葛藤がずっと残っている場合、幼児期を今ここで再体験し、未完の行為、例えば「甘える」ことを今ここで発見し、今ここから解決に向けた行動をすれば、心にあいた穴を埋めることができるとパールズは考えました。

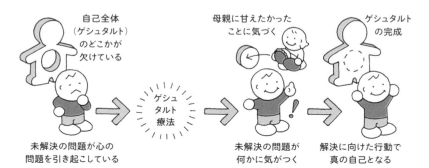

自己全体（ゲシュタルト）のどこかが欠けている

母親に甘えたかったことに気づく

ゲシュタルトの完成

ゲシュタルト療法

未解決の問題が心の問題を引き起こしている

未解決の問題が何かに気がつく

解決に向けた行動で真の自己となる

臨床心理学

本人は気づいていない**未完の行為**に**気づく**ことを助けるのが**パールズ**が創始した**ゲシュタルト療法**です。**ゲシュタルト**とは**全体**という意味で、ここでは**自己全体**を意味します。**クライエント**（P114）は、自分の心の穴が何であるかに気づき、それを埋めることで**ゲシュタルト**の完成を目指します。**ゲシュタルト療法**には、夢の中の人物や物を演じることで、自分の本心の自覚を目指す**ドリームワーク**や、実際にはその場にいない人と会話する**エンプティ・チェア**などの**ロールプレイング**があります。

エンプティ・チェアの例

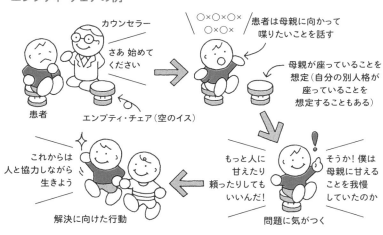

ドリームワークの例

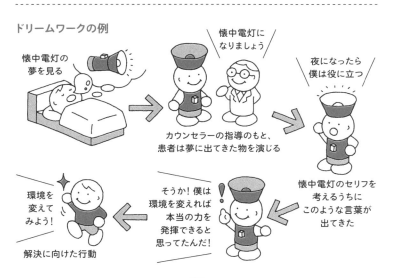

自己概念

意 味	個人が考える自分自身のイメージ
文 献	『カウンセリングと心理療法』(ロジャーズ)
メ モ	自分のイメージに合わない体験を受け入れられない状態を

自己認知の歪み(P128)とロジャーズは呼んだ

ロジャーズ
P025

人は誰もが「私はシャイだ」「私はおおらかだ」など、「自分はこういう人間だ」という**概念（イメージ）**を持っています。自分の自分に対する概念を自己概念といいます。

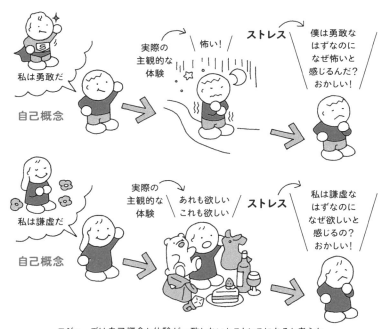

ロジャーズは自己概念と体験が一致しないとストレスになると考えた

神経症や心的ストレスの原因は、**自己概念**と実際の**体験**の不一致にあると**ロジャーズ**は考えました。ここでいう**体験**とは「悲しい」とか「嬉しい」といった刻々と変化する主観的な感情や感覚のことを指します。例えば、自分は勇敢であるという**自己概念**を持った人が、夜道を「怖い」と感じたら**自己概念**と**体験**にズレが生じ、心にストレスが生まれます（心理的不適応状態P128）。

臨床心理学

反対に、**自己概念**と**体験**が一致しているほど、心のストレスは少ないと**ロジャーズ**は考えます。

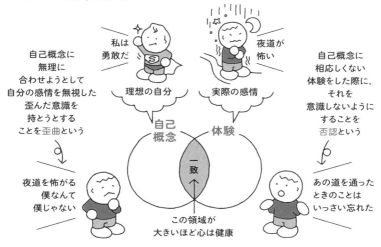

問題を抱えている**クライエント**(P114)の**自己概念**は「自分はこうでなくてはならない」という思い込みに強く固定されており、柔軟に生きることができなくなっていると**ロジャーズ**は考えました。生き生きと暮らすためには**自己概念**を柔軟にして、ありのままの**体験**を受け入れる領域を大きく保つことが重要です。

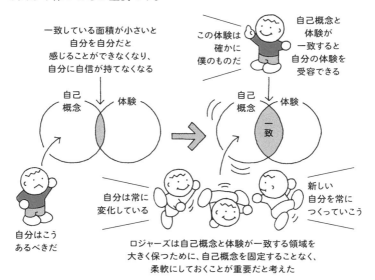

クライエント中心療法

意　味　クライエントの考えを肯定しながら問題解決の答えを探して
いく、ロジャーズが創始した心理療法
文　献　『クライエント中心療法』（ロジャーズ）
メ　モ　この療法は、初期段階では非指示的療法と呼ばれていた

ロジャーズ
P025

ロジャーズは、心的ストレスの原因は**自己概念**と実際の**体験の不一致**に
あると考えました（自己概念P126）。この不一致、つまり自己認知の歪み
のある状態のことを**心理的不適応状態**と呼びます。**心理的不適応状態**に
あると、自分が自分ではないように感じられたり、自分に自信が持てな
くなります。

けれども、人は常に成長する**有機体**です。よって人には、**自己認知の歪
みを直し、自己実現（自分の個性の発揮）**をしようとする機能があらか
じめ備わっていると**ロジャーズ**は主張します（自己実現傾向）。この力
を手助けする心理療法が**クライエント中心療法**です。**クライエント中心
療法**は、心の問題は**クライエント**（P114）自身にしか治せないという考
えに基づいています。

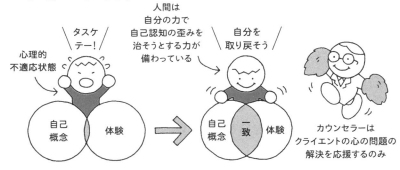

クライエント中心療法において、カウンセラーは、クライエントにあれこれ指示するのではなく、クライエントが自分で問題を解決していくことの援助に専念します。そのためにカウンセラーは、クライエントの状態や言動を無条件かつ肯定的に受け入れ（無条件の肯定的配慮）、クライエントの主観を自分のことのように感じとることが求められます（共感的理解）。

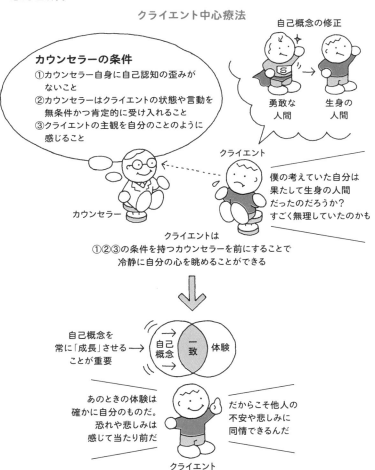

こうしたカウンセラーを前にすると、クライエントは自分の心を冷静に眺めることができるようになります。やがてクライエントは柔軟な自己概念を取り戻し、「楽しい」「悲しい」などの体験（感情）が、まぎれもなく自分のものだと思えるようになっていきます。

十分に機能する人間

意　味　理想の人間像のイメージ

文　献　『クライエント中心療法』（ロジャーズ）

メ　モ　ここでいう機能とは、人間があらかじめ持っている、自分の個性を発揮（自己実現）しようとする機能のこと（自己実現傾向P128）

ロジャーズ
P025

ロジャーズは、人が目指すべき人間像を**十分に機能する人間**と呼びました。**十分に機能する人間**とは、**自己概念**（P126）を固定することなく、ありのままの体験を受容しながら、他者を信頼しつつも主体的に生きる人間をいいます（「十分に機能する」とは「うまく働く」という意味）。

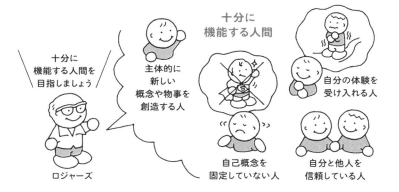

ロジャーズは、**十分に機能する人間**を完成した静的な人間ではなく、常に新しい状況に対応していこうとする動的な人間と捉えました。

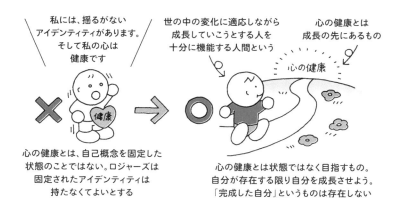

エンカウンター・グループ

ロジャーズ
P025

意　味　人間関係の理解を深めるためのグループセラピー

文　献　『エンカウンター・グループ』(ロジャーズ)

メ　モ　エンカウンター (出会い)・グループはロジャーズによって開発され、レヴィン(P023)によって発展した

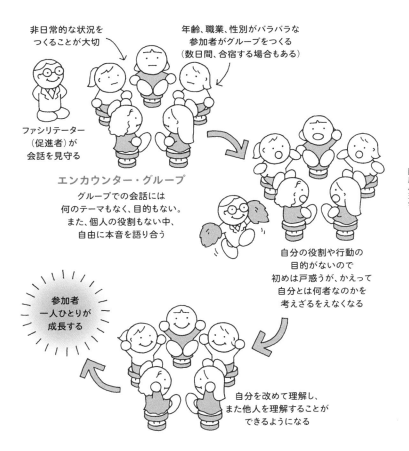

非日常的な状況を
つくることが大切

ファシリテーター
(促進者)が
会話を見守る

年齢、職業、性別がバラバラな
参加者がグループをつくる
(数日間、合宿する場合もある)

エンカウンター・グループ
グループでの会話には
何のテーマもなく、目的もない。
また、個人の役割もない中、
自由に本音を語り合う

自分の役割や行動の
目的がないので
初めは戸惑うが、かえって
自分とは何者なのかを
考えざるをえなくなる

自分を改めて理解し、
また他人を理解することが
できるようになる

参加者
一人ひとりが
成長する

臨床心理学

晩年の**ロジャーズ**は、**クライエント中心療法**(P128)の考えを**エンカウンター・グループ**という**グループセラピー**に応用しました。ここでは、健常な参加者がグループをつくり、何のテーマも用意されていない中で、自分の感じたことを本音で話し合います。そうすることで、参加者が自己や他者の理解を深め、成長していくことを目指します。

ＡＢＣ理論

意　味　「出来事(A)」に対する「考え(B)」が、悩みという「結果(C)」を生み出すという理論。尚、クライエントとカウンセラーとの「討論(D)」によって、「効果(E)」を得るため、後にエリスはABCDE理論と呼んだ

文　献　『論理療法』(エリス)

エリス
P029

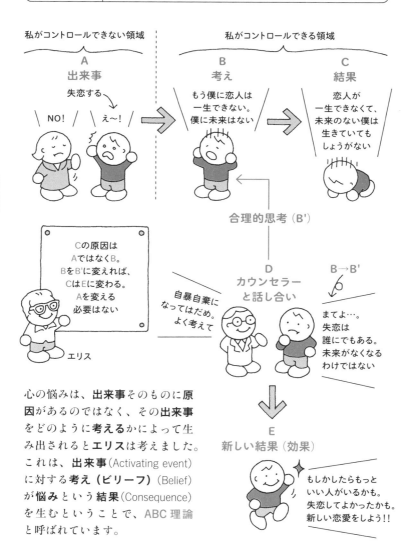

私がコントロールできない領域　　　　私がコントロールできる領域

A
出来事

失恋する

NO!　　え〜!

B
考え

もう僕に恋人は
一生できない。
僕に未来はない

C
結果

恋人が
一生できなくて、
未来のない僕は
生きていても
しょうがない

合理的思考 (B')

Cの原因は
AではなくB。
BをB'に変えれば、
CはEに変わる。
Aを変える
必要はない

エリス

自暴自棄に
なってはだめ。
よく考えて

D
**カウンセラー
と話し合い**

B→B'

まてよ…。
失恋は
誰にでもある。
未来がなくなる
わけではない

E
新しい結果(効果)

もしかしたらもっと
いい人がいるかも。
失恋してよかったかも。
新しい恋愛をしよう!!

心の悩みは、**出来事**そのものに原因があるのではなく、その**出来事**をどのように**考える**かによって生み出されると**エリス**は考えました。これは、**出来事**(Activating event)に対する**考え(ビリーフ)**(Belief)が**悩み**という結果(Consequence)を生むということで、ABC理論と呼ばれています。

論理療法

意　味　考え方を変えることによって悩みを解消していく心理療法。尚、悩みの原因となる不合理な思い込みがイラショナル・ビリーフ、悩みを解消する合理的な考えがラショナル・ビリーフ

メ　モ　精神分析（P104）は心理療法として効果がないとエリスは考えた

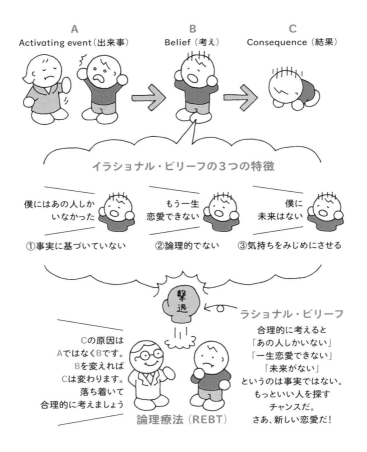

A
Activating event（出来事）

B
Belief（考え）

C
Consequence（結果）

イラショナル・ビリーフの3つの特徴

僕にはあの人しか
いなかった

もう一生
恋愛できない

僕に
未来はない

①事実に基づいていない　　②論理的でない　　③気持ちをみじめにさせる

撃退

ラショナル・ビリーフ

Cの原因は
AではなくBです。
Bを変えれば
Cは変わります。
落ち着いて
合理的に考えましょう

論理療法（REBT）

合理的に考えると
「あの人しかいない」
「一生恋愛できない」
「未来がない」
というのは事実ではない。
もっといい人を探す
チャンスだ。
さあ、新しい恋愛だ！

臨床心理学

ABC理論（P132）における**考え（ビリーフ）**には、**イラショナル・ビリーフ（不合理な考え）**と**ラショナル・ビリーフ（合理的な考え）**の2つがあります。患者に**ABC理論**を理解させ、**イラショナル・ビリーフをラショナル・ビリーフ**に変えることで、悩みを解消する**エリスの心理療法**（P114）を**論理療法（REBT** = Rational Emotive Behavior Therapy）といいます。

認知療法

意　味	主にうつ病患者の現状の認知をカウンセリングによって修正し、患者の考え方や行動を改善させる心理療法
文　献	『認知療法-精神療法の新しい発展』（ベック）
メ　モ	ベックは主観的な精神分析と決別し、客観性を追求した

ベック
P031

臨床心理学者のエリス（P029）は、**フロイト**（P018）が提唱した**精神分析**（P104）は**心理療法**（P114）として効果がないと考え、**論理療法**（P133）を提唱しました。この**論理療法**を一時的な気分の落ち込みよりも症状の重いうつ病の治療に取り入れたのが**精神科医のベック**です。

あなたの夢に出てきた傘は
男性器を意味します。
あなたは
欲求不満です

フロイト

精神分析は非科学的だと
エリスやベックは考えた

精神分析は
カウンセラーの
独断でしか
ありません

エリス　　　ベック

ベックはうつ病患者が物事の悲観的な側面ばかりに目を向ける癖があること（自動思考）に注目します。患者特有のこうした認知の歪みを**カウンセリング**（P114）を重ねながら修正しようとする**心理療法**を認知療法といいます。

部長に
なってしまった。
みんなに迷惑を
かけてしまう。
もうダメだ

Aさん

部長に
昇進した！
よーし
頑張るぞ！

Bさん

認知療法の
基本的な考え方

うつ病の原因は
置かれた状況に
あるのではなく、
その状況をどう認識
するかにあります

ベック

のちにベックは、**認知療法に行動療法**(P114)の要素を取り入れます。こうして生まれた認知行動療法は、今日、うつ病やパニック障害に最も効果のある**心理療法**のひとつとされています。

認知行動療法

クライエント

カウンセラー

やる気が出ません

いつからですか？

部長になってプレッシャーに押しつぶされそうです。僕はもうダメです

まずは患者の気持ちを受け入れる

その状況に置かれたら普通はそう思います。あなたはダメではありません

そうかも…

もしうまくいかなくても最悪の事態にはならないのではないですか？

患者の間違った認知を修正していく

プレッシャーを感じたらすぐに「失敗しても大したことはない」と考えてみましょう

行動療法(P114)の要素も取り入れる

カウンセリングを続けながら、クライエントの行動や物事の見方を少しずつ修正していく

心が楽になる習慣なども取り入れる

それでは夕方プラモデルを作る時間をもうけましょう

どんなとき気が楽ですか？

プラモデルを作っているときです

認知心理学

認知心理学

意　味　認知とは、対象を主観的に見て、判断したり解釈したりすること

文　献　『心理学の認識ーミラーの心理学入門』(ミラー)

メ　モ　行動主義(P072)が物理的刺激は誰にとっても同じとしたのに対し、認知心理学は同じ刺激でも人それぞれ見方、捉え方が違うとする

ミラーなど
P031

人間のあらゆる行動は、**刺激 (S)** に対する**反応 (R)** である**反射的行動**にすぎないとするのが**行動主義**(P072)の立場でした(S-R理論P073)。けれども後に、**新行動主義**は**行動主義**の限界を見抜き、**S**と**R**の間に**認知**である **O** を加えました(S-O-R理論P077)。

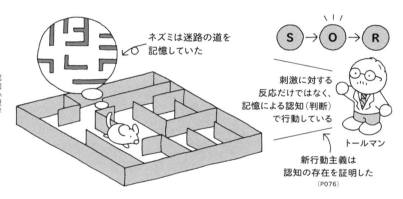

ネズミは迷路の道を記憶していた

刺激に対する反応だけではなく、記憶による認知(判断)で行動している

トールマン

新行動主義は認知の存在を証明した
(P076)

また、**ゲシュタルト心理学**(P082)は、**洞察学習**(P089)の実験によって、動物は**思考**による**認知**(判断)もしていることを突き止めました。

判断、思考

チンパンジーは明らかに思考している

ケーラー

ゲシュタルト心理学も認知の存在を証明した
(P089)

チンパンジーは試行錯誤(刺激と反応の繰り返し)ではなく思考による認知(判断)でバナナをGETした

その後、コンピュータの開発がさかんになります。すると、人間ならではの**知覚・記憶・思考**などをコンピュータの情報処理システムと重ね合わせることで、心の仕組みを理解しようとする学問が生まれました。こうした心理学を認知心理学といいます。

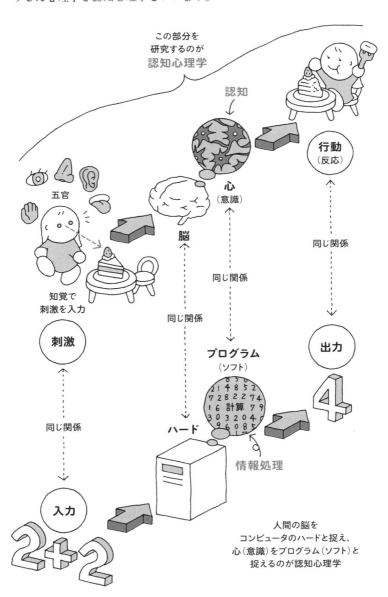

この部分を
研究するのが
認知心理学

認知

心
（意識）

脳

行動
（反応）

五官

知覚で
刺激を入力

刺激

同じ関係

同じ関係

同じ関係

プログラム
（ソフト）

出力

ハード

情報処理

入力

同じ関係

人間の脳を
コンピュータのハードと捉え、
心（意識）をプログラム（ソフト）と
捉えるのが認知心理学

短期記憶｜長期記憶

意　味　数秒から数十秒程度で消えてしまう記憶が短期記憶。保持される時間が長い記憶（何分〜何年にわたる記憶）が長期記憶

メ　モ　「リハーサル」は、短期記憶を長期記憶に転送するための反復や関連づけといった行為を指す

ミラー
P031

記憶の研究は**認知心理学**の主要なテーマです。**記憶**とは、経験したことを保存して、それをあとから再現させる心の機能をいいます。五官から入ってきた膨大な情報はまず、感覚記憶で保存されますが、1秒以内でほとんどが消えてなくなります。その後、自分にとって重要だと思った情報だけが**短期記憶**という貯蔵庫に移行しますが、こちらも数秒から数十秒でほとんどが消えてしまいます。

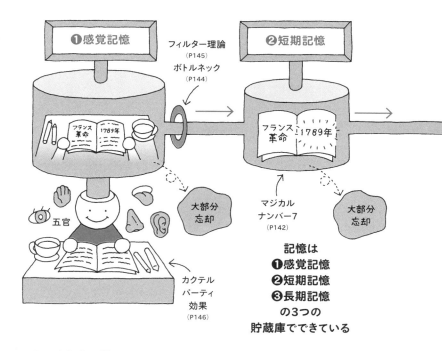

けれども**短期記憶**に入った情報のうち、印象的だったり、リハーサル（復唱）が行われたものは、長期記憶という最後の貯蔵庫に転送されます。この貯蔵庫では、膨大な情報を半永久的に保存できます。

長期記憶の貯蔵庫に入った記憶は、長期間そこにとどまり、必要に応じて取り出されます。**長期記憶**のうち、自転車の乗り方やハサミの使い方など、身体が覚えている記憶のことを**手続き的記憶**(P147)、物事に対する知識や個人的な思い出など、言語やイメージで言い表すことのできる記憶を**宣言的記憶**(P147)といいます。

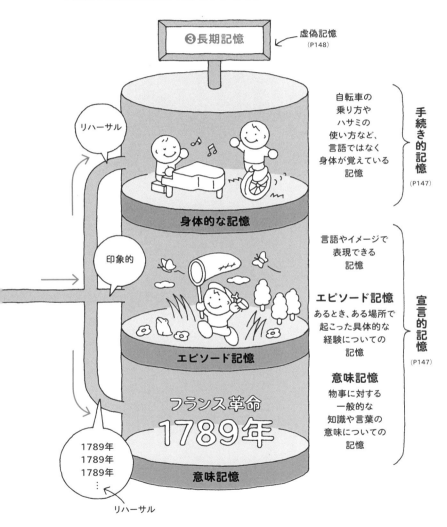

認知心理学

記憶の量が多いと、人生が豊かになるといわれています。もしそうであれば、できるだけ多くの体験を記憶することが効果的だといえます。

マジカルナンバー7

意　味	人間が一時的に記憶できる情報量を7±2個（チャンク）とする説
文　献	『心理学の認識-ミラーの心理学入門』（ミラー）
メ　モ	近年の研究ではマジカルナンバーを4±1とする説が有力

ミラー
P031

マジカルナンバー7の
7は
7チャンク(P143)を指す。
チャンクとは
人間が記憶する際に、
「情報のまとまり」として
取り扱うことができる
心理学的な単位

僕の電話番号は
1・2・3・3・2・1・9・1・1・4・7
だよ

ムム…

11チャンク

1・2・3・3・2・1・9・1・1・4・7

いっぺんに7チャンク
までしか覚えられない

こんなに
たくさんの数字を
覚えられない

3チャンク

（123）（3219）（1147）

数字を3つにまとめれば
3チャンクとなり、覚えられる

3つにまとめれば
簡単に
覚えられる

記憶の貯蔵庫には**感覚記憶、短期記憶、長期記憶**の３つがあります。このうち**長期記憶**は、保存期間も容量も膨大だとされていますが、**短期記憶**は保存期間や容量に限度があります(P140)。**ミラー**は、**短期記憶**の容量は例えば数字だと**7（±2）個**だと主張し、これを**マジカルナンバー7**と呼びました。

チャンク

意　味	情報のまとまりとして記憶できる単位のこと
文　献	『心理学の認識-ミラーの心理学入門』（ミラー）
メ　モ	「A」というアルファベットひと文字も「PSYCHOLOGY」という英単語も、ひとつのまとまりとして認識していれば1チャンクとなる

ミラー
P031

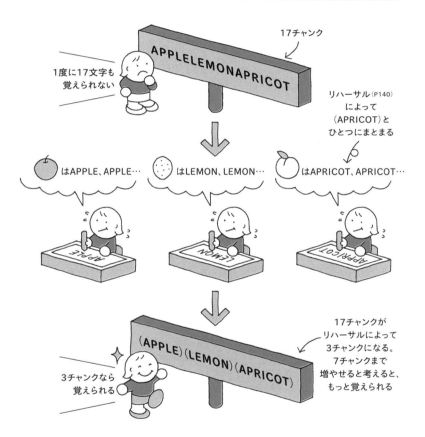

17チャンク

APPLELEMONAPRICOT

1度に17文字も
覚えられない

リハーサル（P140）
によって
（APRICOT）と
ひとつにまとまる

はAPPLE、APPLE…　　はLEMON、LEMON…　　はAPRICOT、APRICOT…

（APPLE）（LEMON）（APRICOT）

3チャンクなら
覚えられる

17チャンクが
リハーサルによって
3チャンクになる。
7チャンクまで
増やせると考えると、
もっと覚えられる

マジカルナンバー7（P142）の**7**は、**7チャンク**のことを指しています。チャンクとは人間が記憶する際に、「情報のまとまり」として取り扱うことができる心理学的な単位をいいます。**A・P・P・L・E**とアルファベット5文字で知覚すると**5チャンク**になりますが、**APPLE**とひとつのまとまりとして認識すれば**1チャンク**となります。**チャンク**をうまく利用すれば、記憶量を増やしていくことができます。

ボトルネックモデル

意　味　人間の脳内に複数の情報を取捨選択するボトルネック（細い道）があると想定すること

文　献　『知覚とコミュニケーション』（ブロードベント）

メ　モ　ボトルネックは感覚記憶(P140)と短期記憶(P140)の間にある

ブロードベント
P034

パイロットは飛行機の操縦をしながら、ヘッドフォンからの指示を聞いたり、計器類を見たりと、さまざまな情報を一度に処理しているように見えます。ところが元空軍のパイロットであった**ブロードベント**は、人間は同時に２つのことは処理できないと主張しました。彼は人間の脳には情報の取捨選択をするための**ボトルネック**（細い道）があると想定しました（ボトルネックモデル）。

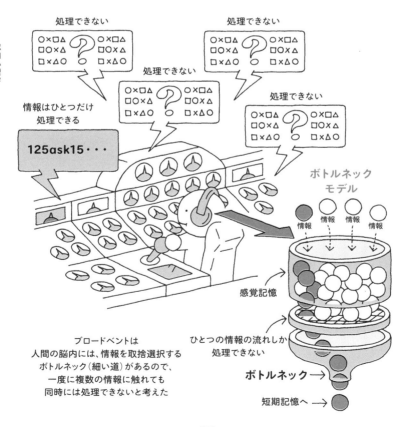

フィルター理論

ブロードベント P034	意　味　複数の情報のうち、認識できるのは注意を向けた情報だけという説 メ　モ　複数の情報のうち、どれが重要なのかを選択し、注意を向ける心の働きを選択的注意と呼ぶ

目や耳などから受け取った情報は、脳内にある**フィルター**を通過したものだけが認知されるという説を**フィルター理論**といいます。フィルターは複数あり、注意を向けることによって特定のフィルターが選択されます。そして選択されたフィルターを通過した情報の流れだけが**ボトルネック**(P144)に送られ、処理されていきます。

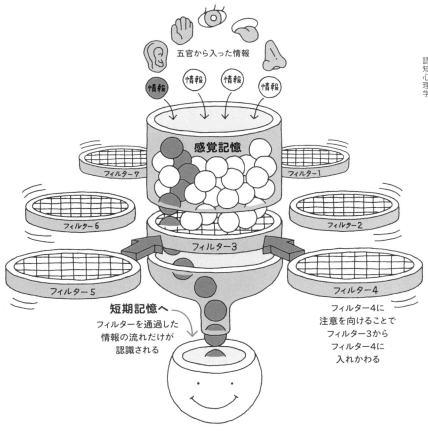

五官から入った情報

情報　情報　情報　情報

感覚記憶

フィルター7　フィルター1

フィルター6　フィルター2

フィルター3

フィルター5　フィルター4

短期記憶へ
フィルターを通過した
情報の流れだけが
認識される

フィルター4に
注意を向けることで
フィルター3から
フィルター4に
入れかわる

認知心理学

カクテルパーティ効果

チェリー P029	意　味　周囲に雑音があっても、自分にとって重要な情報だけを判別して聞き取ることができる現象のこと
	文　献　『人間のコミュニケーションについて』(チェリー)
	メ　モ　フィルター理論(P145)による現象で、選択的注意(P145)の代表例

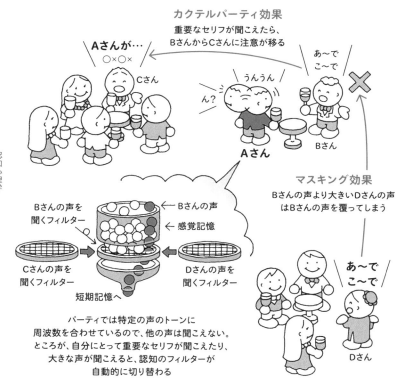

カクテルパーティ効果
重要なセリフが聞こえたら、BさんからCさんに注意が移る

Aさんが…
○×○×

Cさん

ん？
うんうん

Aさん

あ～で
こ～で
Bさん

マスキング効果
Bさんの声より大きいDさんの声はBさんの声を覆ってしまう

Bさんの声を聞くフィルター
← Bさんの声
← 感覚記憶

Cさんの声を聞くフィルター
Dさんの声を聞くフィルター

短期記憶へ

パーティでは特定の声のトーンに周波数を合わせているので、他の声は聞こえない。ところが、自分にとって重要なセリフが聞こえたり、大きな声が聞こえると、認知のフィルターが自動的に切り替わる

あ～で
こ～で
Dさん

認知心理学

さまざまな会話がなされるパーティの中で、私たちはひとつの声のトーンに周波数を合わせることで、ひとつの会話だけを聞き取っています。ところが別の会話の中から、自分にとって重要な言葉が聞こえると、自動的(無意識的)にそちらに注意が切り替わることがわかっています。カクテルパーティ効果と呼ばれるこの事実は、**フィルター理論**(P145)を裏づけています。ただし、注意を向けた音より遥かに大きい音は、注意していた音を消してしまうこともあります（マスキング効果）。

手続き的記憶｜宣言的記憶

意　味	やり方（技術）についての身体が覚えている記憶が手続き的記憶。言語やイメージで言い表すことのできる記憶が宣言的記憶
文　献	『タルヴィングの記憶理論-エピソード記憶の要素』（タルヴィング）
メ　モ	宣言的記憶にはエピソード記憶と意味記憶がある

タルヴィング
P034

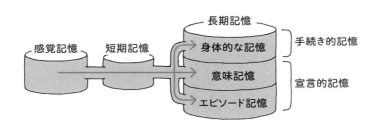

長期記憶(P140)の**貯蔵庫**に入った記憶は、長期間そこにとどまり、必要に応じて取り出されます。長期記憶のうち、自転車の乗り方やハサミの使い方など、身体が覚えている記憶のことを手続き的記憶、物事に対する知識（意味記憶）や個人的な思い出（エピソード記憶）など、言語やイメージで言い表すことのできる記憶を宣言的記憶といいます。

認知心理学

手続き的記憶
自転車の乗り方や
ハサミの使い方など、
言語ではなく
身体が覚えている記憶

技術、
手法
など →

一輪車の乗り方

ピアノの弾き方

宣言的記憶
言語やイメージで言い表すことのできる記憶

意味記憶
事実や知識など、
事物に対する
一般的な知識や
言葉の意味に
ついての記憶

これは
一輪車だ

フランス革命は
1789年だ

エピソード記憶
個人の思い出など、あるとき、
ある場所で起こった具体的な
経験についての記憶

虫取りは楽しかった

あのときの空は
青かった

虚偽記憶 <ruby>虚偽<rt>きょ ぎ</rt></ruby>記憶

ロフタス P038	意 味　実際には起こっていない出来事が、事実として記憶されてしまうこと
	文 献　『目撃証言』(ロフタス)
	メ モ　虚偽記憶の例は長期記憶の曖昧さを物語る

長期記憶(P140)のすべてが「事実」とは限りません。**ロフタス**は、冤罪事件の多くは、目撃者の誤った記憶が原因で発生することに注目しました。実際には起こっていない出来事が、事実として記憶されてしまうことを<ruby>虚偽<rt></rt></ruby>記憶（<ruby>過誤<rt>か ご</rt></ruby>記憶）といいます。**虚偽記憶**は、その後の経験、感情、思考、あるいは誘導尋問などによって容易に形成されてしまいます。

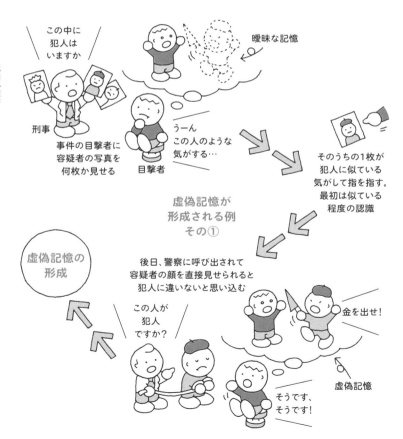

この中に犯人はいますか

刑事
事件の目撃者に
容疑者の写真を
何枚か見せる

目撃者
うーん
この人のような
気がする…

曖昧な記憶

そのうちの1枚が
犯人に似ている
気がして指を指す。
最初は似ている
程度の認識

虚偽記憶が
形成される例
その①

虚偽記憶の
形成

後日、警察に呼び出されて
容疑者の顔を直接見せられると
犯人に違いないと思い込む

この人が
犯人
ですか？

金を出せ！

そうです、
そうです！

虚偽記憶

車がぶつかる
映像を被験者に
見せる

どのくらいの
スピードで2台の車が
「激突」
しましたか？

どのくらいの
スピードで2台の車が
「ぶつかり」
ましたか？

虚偽記憶が
形成される例
その②
質問の仕方だけで
記憶が
変化してしまう

Bの被験者グループには
「激突しましたか」と聞く

Aの被験者グループには
「ぶつかりましたか」と聞く

時速65キロくらいで
ぶつかりました

時速50キロくらいで
ぶつかりました

割れ
ました

ガラスは
割れまし
たか？

ガラスは
割れまし
たか？

割れて
いません

虚偽記憶の形成

「ガラスは割れたか？」の質問に
被験者は、実際は割れていないのに
「割れた」と答える

虚偽記憶は形成されない

「ガラスは割れたか？」の質問に
被験者は「割れていない」と
正確に答える

ショッピングモールの迷子

意 味 「ショッピングモールで迷子になった」という虚偽記憶を植え込む実験

文 献 『抑圧された記憶の神話』(ロフタス)

メ モ この実験は、記憶は人為的に操作できることを証明した

ロフタス
P038

ロフタスは、幼児期に親に虐待されたと訴える人の記憶の中に**虚偽記憶**(P148)が含まれている可能性があると考えました。

虚偽記憶

信じたいけど
この患者は思い込みを
しているのかもしれない

私は
幼児虐待の
被害者です

それを証明するために**ロフタス**は、被験者に**虚偽記憶**を意図的に植え込むショッピングモールの迷子という実験を試みました。この実験は人の記憶の曖昧さを人々に提示しました。

ショッピングモールの迷子

あの子は
山でクマに
遭遇した

あの子は
海で溺れそうに
なった

Aくんの
エピソードを
作成

Aくんの親から
Aくんの子どもの頃
のエピソードを
聞き取る

① クマに遭遇した
② 海で溺れそうに
なった
③ ショッピングモー
ルで迷子になった

次ページへ

Aくんのエピソードに実際には経験していない
「ショッピングモールで迷子になった」
というエピソードを加える

認知心理学

Aくんは「ショッピングモールで迷子になった」ことを
「事実」として思い出した

記憶はその後の経験、思考や感情、そして誘導尋問などによって歪められてしまうことがあります。この事実は、事件の目撃証言の信頼性に大きな疑問を投げかけました。

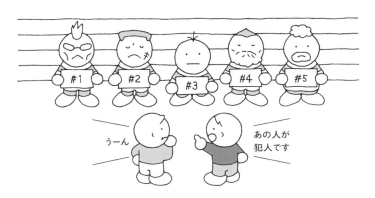

記憶の7つのエラー

意　味　記憶の間違いの内容を7種類に分けたもの
文　献　『なぜ、「あれ」が思い出せなくなるのか』（シャクター）
メ　モ　エピソード記憶と関係が深い「物忘れ」は、時間とともに記憶
　　　　が曖昧になることと、記憶そのものが不完全であることが原因

私たちは、経験したことを正確に記憶することを求めてはいないと**シャクター**は考えます。記憶の機能があまりにも正確だったら、情報量の多さに圧倒され、混乱に陥るからです。私たちの記憶システムは正しく機能するために「うまく忘れる」など、複雑な働きをします。この複雑な機能の代償として、**物忘れ、妨害**など、記憶の7つのエラーが私たちを悩ませることになります。

❶物忘れ
古い記憶は時間とともに
曖昧になっていくことがある

忘れる

❷不注意
何かに気をとられていると
うっかりしてしまうことがある

❸妨害
他の記憶が妨害して、喉元まで出て
いるのに思い出せないことがある

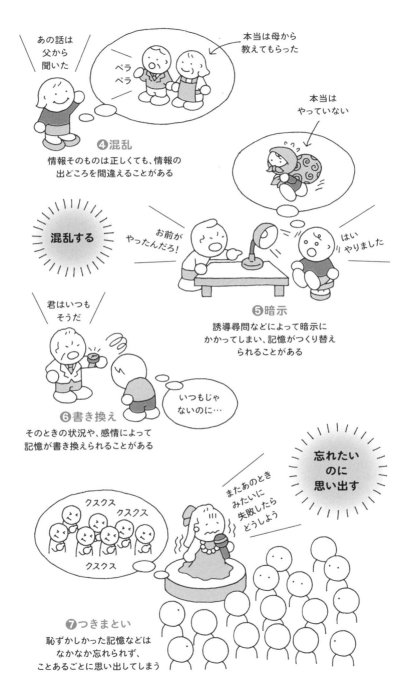

あの話は
父から
聞いた

本当は母から
教えてもらった

ペラ
ペラ

❹混乱
情報そのものは正しくても、情報の
出どころを間違えることがある

本当は
やっていない

混乱する

お前が
やったんだろ！

はい
やりました

❺暗示
誘導尋問などによって暗示に
かかってしまい、記憶がつくり替え
られることがある

君はいつも
そうだ

いつもじゃ
ないのに…

❻書き換え
そのときの状況や、感情によって
記憶が書き換えられることがある

認知心理学

忘れたい
のに
思い出す

クスクス
クスクス
クスクス

またあのとき
みたいに
失敗したら
どうしよう

❼つきまとい
恥ずかしかった記憶などは
なかなか忘れられず、
ことあるごとに思い出してしまう

スキーマ

意　味	経験に基づいて形成された信念や世界観
文　献	『想い出すということ』(バートレット)
メ　モ	集団や民族などが共有する世界観、ステレオタイプや偏見もスキーマといえる。なお「schema」とは「枠組み(図式)」の意味

バートレット
P022

認知心理学

伝言ゲームの過程で、情報が変化することはよく知られています。**バートレット**はこうした情報の変化は、個人の過去の経験が関与していることを見出し、これを**スキーマ**と名づけました。

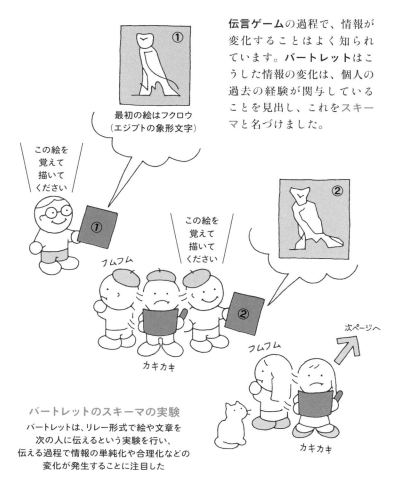

最初の絵はフクロウ
(エジプトの象形文字)

この絵を覚えて描いてください

フムフム

カキカキ

この絵を覚えて描いてください

フムフム

カキカキ

次ページへ

バートレットのスキーマの実験
バートレットは、リレー形式で絵や文章を次の人に伝えるという実験を行い、伝える過程で情報の単純化や合理化などの変化が発生することに注目した

人間の記憶や認識は、正確ではなく、多分に**スキーマ**に左右されているのです。

最終的に、
なじみ深い
猫の絵になった

バートレット

認知バイアス

意 味	人が陥りやすい思考のエラー（偏り）
文 献	『ファスト＆スロー』（カーネマン）など
メ モ	自分では理性的な判断をしているつもりでも、認知バイアスによってその判断には偏りがあることが多い

カーネマンなど
P036

自分では論理的な判断を下していると思っても、じつは論理的ではないことがあります。論理的に思える推論のほとんどは、個人的な思い込みから生まれるからです。**カーネマン**らは人が陥りやすい思考のエラーを認知バイアス（バイアス：偏り）と呼びました。

現状維持バイアス

変化によって得るものよりも
失うもののほうが大きいと考えてしまう

コンコルド効果

やめたほうがいいとわかっていても
それまでのコストを惜しみ、持続してしまう

バンドワゴン効果

多数の人が正しいと考えていることを
正しいと判断してしまう

行為者-観察者バイアス

他人の行動はその人の性格によるもので
自分の行動は状況によるものと考えてしまう

自己奉仕バイアス

成功は自分の力量によるもので
失敗は環境のせいだと考えてしまう

後知恵バイアス

物事が起きたあと、そうなることは
初めからわかっていたと考えてしまう

認知心理学

先行する
情報

いつもは
1000円
だけど

今日は
800円!

安い！

アンカー効果

先行する情報をもとにして
判断してしまう

前回赤だったから
今度は黒だ

ギャンブラーの誤謬

何かの確率は過去の出来事によって
変わると考えてしまう

良いことが
あります
ように

100円見つけた！
神様にお願い
したからだ！！

前後即因果の誤謬

単なる前後関係を
因果関係だと考えてしまう

コップに
水が半分
しかない

コップに
水がまだ
半分もある

フレーミング効果

内容は同じでも
肯定的に表現されるか否かで
印象が変わってしまう

グラグラ
グラグラ
グラグラ
グラグラ

大丈夫
このくらい
よくあること

正常性バイアス

異常事態を正常の範囲だと
考えてしまう

僕が旅行の
計画を立てたら
必ず雨が降る

錯誤相関

因果関係はないのに
あると考えてしまう

僕とジャンケンをして
勝ったら200万円あげます。
負けたら0円です。
ジャンケンをしなかったら
無条件で100万円
あげます

負債が
ない人

トライしません
そうしたら
100%の確率で
100万円を
GETだ

トライします
さもないと
100%の確率で
100万円の
損失だ

負債が
200万円
ある人

プロスペクト理論

利益を得られそうな場合は
リスクを回避し、損をしそうな場合は
損失を回避しようとする

その他、
自己標的バイアス（P189）、
自己中心性バイアス（P188）、
ハロー効果（P192）、
認知的不協和（P194）、
バーナム効果（P286）、
確証バイアス（P287）なども
認知バイアスとして数えられる

認知心理学

発達心理学

認知発達理論

意　味　子どもの認知能力の発達を4段階に分けて考える説

文　献　『知能の心理学』（ピアジェ）

メ　モ　ピアジェは認知（対象が何であるかを理解すること）が正しく
行えることを操作と呼んだ

第1段階：感覚運動期
（0～2歳ごろ）

見えるものや触れられるものを通して
外界に適応する時期

バブバブ

知覚
できないものは
ないもの
とされる

第2段階：前操作期
（2～6歳ごろ）

言語を用いて物事を
考えられるようになる時期。
自己中心性(P162)が生まれる時期

2つだから
こっちの
ほうが多い

見えないものを
思い浮かべること
ができる

これ
僕の！

これ
僕の！

保存の概念(P163)
はまだない

自己
中心性が
生まれる

無生物にも
命があると思っている
（アニミズム）

太陽に顔を描くなど
物事の捉え方は
直観的

ピアジェは子どもの思考（認知能力）**の発達を4段階**に分けて考えました
（認知発達理論）。2歳から6歳くらいまでの子どもは、自分だけの立場
から物事を見る**自己中心性**（P162）があります。

ところが7歳くらいになると、他人の立場に立って物事が考えられるようになり、**自己中心性**から離れます。そして客観的、論理的、抽象的な思考を身につけることで大人になっていきます。

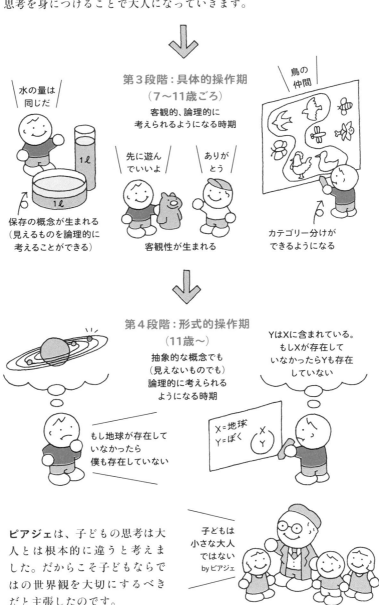

第3段階：具体的操作期
（7〜11歳ごろ）

客観的、論理的に
考えられるようになる時期

水の量は
同じだ

保存の概念が生まれる
（見えるものを論理的に
考えることができる）

先に遊ん
でいいよ

ありが
とう

客観性が生まれる

鳥の
仲間

カテゴリー分けが
できるようになる

第4段階：形式的操作期
（11歳〜）

抽象的な概念でも
（見えないものでも）
論理的に考えられる
ようになる時期

YはXに含まれている。
もしXが存在して
いなかったらYも存在
していない

もし地球が存在して
いなかったら
僕も存在していない

X＝地球
Y＝ぼく

ピアジェは、子どもの思考は大人とは根本的に違うと考えました。だからこそ子どもならではの世界観を大切にするべきだと主張したのです。

子どもは
小さな大人
ではない
byピアジェ

自己中心性

意　味　自分中心に見たり考えたりしようとする傾向
文　献　『知能の心理学』（ピアジェ）
メ　モ　前操作期の子どもの特性として、自己中心性の他に、無生物
にも命があると考えるアニミズムが見られる

ピアジェ
P024

発達心理学

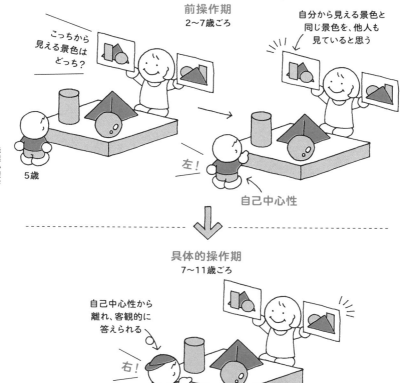

前操作期
2〜7歳ごろ

こっちから
見える景色は
どっち？

自分から見える景色と
同じ景色を、他人も
見ていると思う

5歳

左！

自己中心性

具体的操作期
7〜11歳ごろ

自己中心性から
離れ、客観的に
答えられる

右！

7歳

前操作期（P160）の子どもは、自分と他人とをはっきりと区別できない
ため、他人の視点で物事を考えることができません。よってこの時期の
子どもは、自分の立場からだけで見たり考えたりしようとします。**ピア
ジェ**はこうした傾向を自己中心性と呼びました。

保存の概念

意 味　形態が変わっても本質は変わらないという概念

文 献　『発生的認識論』（ピアジェ）

メ モ　一般的に、保存の概念は、見た目だけではなく論理的な考え方ができるようになる7歳くらいから身につく

ピアジェ
P024

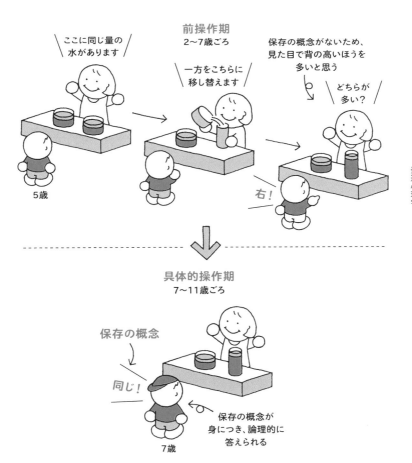

前操作期
2〜7歳ごろ

ここに同じ量の
水があります

一方をこちらに
移し替えます

保存の概念がないため、
見た目で背の高いほうを
多いと思う

どちらが
多い？

右！

5歳

具体的操作期
7〜11歳ごろ

保存の概念

同じ！

保存の概念が
身につき、論理的に
答えられる

7歳

異なる形の容器に同じ量の水を入れた場合、見た目は変化しますが、量は変わりません。保存の概念がない**前操作期**（P160）の子どもには、このことを理解することができません。これも**自己中心性**（P162）と同じく、**前操作期**に見られる特徴的な状態と**ピアジェ**は考えました。

知能因子説

スピアマンなど
P019

意　味　知能はひとつの要素から成り立っているのではなく、複数の因子（知能の原因となる能力）から構成されるという説

メ　モ　観察できない知能の研究に「因子」という概念を初めて取り入れたスピアマンは、「統計解析法」という因子分析で2因子を導出した

スピアマンは、ひとつのテストで好成績を上げた子どもは、ほかのテストでも良い成績を上げる傾向があることに注目しました。そして人間の知能は、すべての教科に共通する**一般因子**と、個別の教科に対応する**特殊因子**の、2つの**因子**で成り立っているという説を導き出しました。これを**2因子説**といいます。

※スピアマンはデータから因子を抽出する統計解析法で因子分析を行い、2因子説を導き出した

スピアマンの2因子説

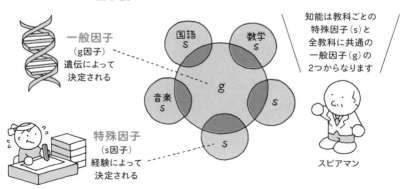

一般因子
（g因子）
遺伝によって
決定される

特殊因子
（s因子）
経験によって
決定される

知能は教科ごとの
特殊因子（s）と
全教科に共通の
一般因子（g）の
2つからなります

スピアマンの登場により、知能は複数の**因子**から構成されているとする知能因子説が主流となります。これ以降、精神的だと思われていた知能の謎を**構造的**に解明しようとする研究が発展しました。

その後、**サーストン**（P022）は、**因子分析**の方法を発展させ、**一般因子**の存在を否定します。そして知能は**7**つの因子で構成されているとする**多因子説**を唱えました。**ギルフォード**（P024）は、**多因子説**をさらに体系化し、**知能構造論**を提唱しました。また**キャッテル**（P027）は、知能を**流動性知能**と**結晶性知能**（P167）に分類しました。

サーストンの多因子説

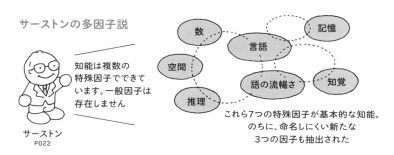

知能は複数の特殊因子でできています。一般因子は存在しません

サーストン
P022

これら7つの特殊因子が基本的な知能。
のちに、命名しにくい新たな
3つの因子も抽出された

ギルフォードの知能構造論

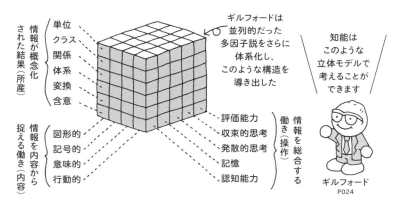

情報が概念化された結果（所産）
単位
クラス
関係
体系
変換
含意

情報を内容から捉える働き（内容）
図形的
記号的
意味的
行動的

ギルフォードは並列的だった多因子説をさらに体系化し、このような構造を導き出した

知能はこのような立体モデルで考えることができます

情報を総合する働き（操作）
評価能力
収束的思考
発散的思考
記憶
認知能力

ギルフォード
P024

キャッテルの流動性知能・結晶性知能

知能は流動性知能と結晶性知能に分類できます

キャッテル
P027

流動性知能 (P167)

集中力・計算力・暗記力

結晶性知能 (P167)

理解力・自制力・言語能力

収束的思考｜拡散的思考

ギルフォード
P024

意　味　既存の情報から推論してひとつの正解へ到達する思考が収束的思考。既存の情報から考えを広げて新しいアイディアを生み出していく思考が拡散的思考

文　献　『人間知能の本性』(ギルフォード)

発達心理学

収束的思考

既存の情報から推論して
ひとつの正解へ到達する思考

問題

BさんはAさんよりも背が高い。
CさんはBさんよりも背が高く
Dさんよりも低い。
ABCDを
背の低い順に述べよ

ABCDの
順だね

A　B　C　D

かんたん
かんたん

え〜と、
う〜ん

このような問題が得意な人は

偏差値が高い

拡散的思考

既存の情報から考えを広げて
新しいアイディアを生み出していく思考

問題

ガラスコップをどんなことに
使えるか述べよ

絵のモチーフにする。
割ってストレスを発散。
粉々にしてガラス細工。
メダカの飼育、楽器…

え〜と
水を飲む?

このような問題が得意な人は

創造性が高い

人の思考は、収束的思考と拡散的思考の2つに分類することができるとギルフォードは主張しました。収束的思考は、知能(論理的に考える能力、計画を立てる能力、言語能力、学習能力など)と密接な関係があり、拡散的思考は、創造性と密接な関係があると彼は考えました。

流動性知能｜結晶性知能

意　味　臨機応変に対応する知能と、経験によって得られた知能
文　献　『知能』(キャッテル)
メ　モ　キャッテルも、スピアマン、サーストン、ギルフォードらと同じく、因子分析を用いて、知能の因子を研究した

キャッテル
P027

流動性知能

新しい局面に臨機応変に対応する知能。
文化や教育の影響をあまり受けない。
加齢とともに衰えていく

集中力
情報処理能力

暗記力

推理能力

直感力

反射能力
図形処理能力

結晶性知能

さまざまな経験が結晶した知能。
文化や教育の影響を強く受ける。
加齢とともに上昇し続ける

コミュニケーション力
社会適応能力

知識力

内省力
自制力

洞察力・批判力
言語能力

発達心理学

人の知能には、流動性知能と結晶性知能の2つの側面があると**キャッテル**は主張しました。**流動性知能**は、新しい局面に臨機応変に対応する知能で、加齢とともに衰えていく傾向があります。**結晶性知能**は、経験の結果として結晶した知能で、加齢とともに上昇し続けます。

ライフサイクル

意 味	人が生まれて死に至るまでに見られる、一定の周期的な発達段階
文 献	『アイデンティティとライフサイクル』(エリクソン)
メ モ	エリクソンは、人は生涯にわたって発達し続けると考えた

エリクソン
P026

かつて**フロイト**(P018)は**生理心理学**(心理的機能と生理的機能の関係を研究する学問)**的**な視点から、人が成人になるまでの**発達**を考察しました(リビドー P096)。その後**エリクソン**は、**フロイト**の**発達理論**に人間関係や**社会的な視点**を取り入れて、**心理社会的発達理論**を展開しました。

私は性的欲動を軸に人間の発達を考えました(P096)

フロイト
P018

私は認知を軸に人間の発達を考えました

ピアジェ
P024

私は人間関係を軸にします

エリクソン
P026

エリクソンは、人生を**8段階**のライフサイクルと捉えます。そして各発達段階における**発達課題**（社会的危機）をどのように克服するかによって、人格が決まってくると考えました。

発達段階：**乳児期**
発達課題：**基本的信頼**

エリクソンの
ライフサイクル

ボクは守られてる。生きていて大丈夫だ

［0〜1歳］
親や誰かを信頼することで世界は信頼するに値するという気持ちを獲得する時期。獲得に失敗すると、不信感をその後の人生に引きずってしまう

発達段階：**幼児期**
発達課題：**自律性**

排泄も自分でできるよ

次ページへ

［1〜3歳］
自分の意思で生活できるという気持ちを獲得する時期。獲得に失敗すると、恥や疑いの気持ちを引きずってしまう

発達段階：**児童期**
発達課題：**自主性**

［3〜6歳］
自分で考えて行動することを
覚える時期。失敗すると
罪悪感を引きずってしまう

発達段階：**学童期**
発達課題：**勤勉性**

［6〜12歳］
頑張ればできるという
気持ちを獲得する時期。失敗すると
劣等感を引きずってしまう

発達段階：**青年期**
発達課題：**アイデンティティ**

青年期は 第二次性徴
（子どもから大人への肉体
的変化）から始まる

［12歳〜20代前半］
アイデンティティ(P170)を確立する
時期(モラトリアムP172)。失敗すると
アイデンティティの拡散(P171)が生じる

発達段階：**成人期**
発達課題：**連帯性**

［20代後半〜30代前半］
結婚したり職場での親密さを
獲得したりする時期。失敗すると
孤独感を引きずってしまう

発達段階：**壮年期**
発達課題：**生成性**

［30代後半〜60代前半］
仕事と子育ての時期。
失敗すると停滞してしまう

発達段階：**老年期**
発達課題：**統合性**

自分の人生を
すべて受け入れたら
新たな世界が
見えてきた

［60代後半〜］
今までの人生を振り返り、
人生の真の目標を悟る時期。
失敗すると絶望を味わう

エリクソンは、
各段階で発達課題を克服できなかったとしても、
その後の人生で克服できるとしている

アイデンティティ

意 味	「自分とはこういう人間だ」といえる一定の自信のこと
文 献	『アイデンティティとライフサイクル』（エリクソン）
メ モ	アイデンティティは、自我同一性、主体性、自己確信などと訳されることがある

エリクソン
P026

エリクソンは**青年期**(P169)における**アイデンティティ**の確立を特に重視しました。**アイデンティティ**とは「自分とはこういう人間だ」といえる一定の自信のことを指します。**アイデンティティ**の確立によって**青年期**が終了し、社会的な義務や責任を果たそうとする連帯性が形成され、**成人期**(P169)に入ると**エリクソン**は考えたのです。

発達心理学

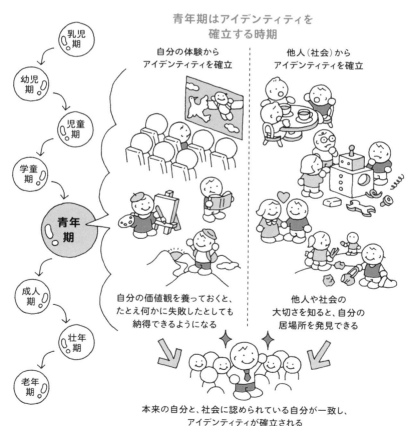

青年期はアイデンティティを
確立する時期

自分の体験から
アイデンティティを確立

他人（社会）から
アイデンティティを確立

自分の価値観を養っておくと、
たとえ何かに失敗したとしても
納得できるようになる

他人や社会の
大切さを知ると、自分の
居場所を発見できる

本来の自分と、社会に認められている自分が一致し、
アイデンティティが確立される

アイデンティティの確立がうまくできないと、自我が混乱し、アイデンティティの拡散が生じます。そうなると自分を見失って希望をなくしたり自意識過剰の状態に陥ったりすることがあります。ただしアイデンティティの確立は、青年期に限らず、その後の人生のどの時期でも行うことができるとエリクソンはいいます。

アイデンティティの拡散

アイデンティティの確立がうまくできないと、
アイデンティティの拡散が生じる

みんな私に
注目してる

孤立

甘えすぎ

自意識過剰

他人の目を気にするあまり
自分が本当にしたいことが
わからなくなる

対人的距離の失調

他人との距離感が
わからなくなる

今が
楽しければ
それでいい

否定的アイデンティティの選択

社会から否定されている
価値観や集団を受け入れる

時間的展望の拡散

未来がイメージ
できなくなる

zzz…

たとえ青年期に
アイデンティティの
確立ができなくても
その後の人生でもできる
ので大丈夫です

勤勉性の拡散

自分の仕事や勉強が
手につかなくなる

エリクソン

モラトリアム

意　味	社会的な義務や責任に対して猶予を与えられた状態
文　献	『アイデンティティとライフサイクル』（エリクソン）
メ　モ	「災害時などにおいて、債務の支払いを猶予する期間」という意味の経済用語が語源

エリクソン
P026

一人前の社会人になるためには、知識や能力を身につける時間が必要です。そのため**青年期**(P169)は、社会的な義務や責任が猶予されています。**エリクソン**は**青年期**のこうした状態を**モラトリアム**（猶予期間）と呼びました。

成人期以降

青年期
モラトリアム期

結婚

仕事

NOT OPEN YET

今はあっちに行く
準備期間だ！

旅

恋愛

ボランティア

勉強
読書

文明社会においては、**モラトリアム**の期間が長くとられる傾向があります。

近代

いつまで
寝てるの！

昔は大人の手伝いが
できるようになると、すぐに
大人の仲間入りをした

近代になって
教育機関が整備されると、
ある程度の年齢までは
保護されるべきという
発想が生まれた

現代はモラトリアム期を
長くとれるので、じっくり
アイデンティティを確立できる

二次的動因説

シアーズ
P028

意　味　生理的欲求（一次的動因）を母親が充足してくれるから、母親の愛情を求める欲求（二次的動因）が生じるという説

メ　モ　この説は、行動主義(P072)におけるオペラント条件づけ(P074)の理論が基礎となっている

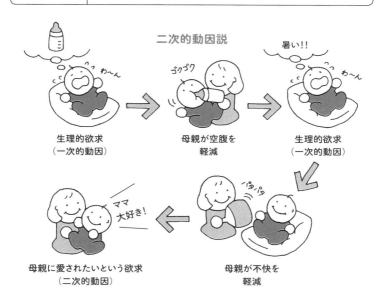

二次的動因説

生理的欲求
（一次的動因）

母親が空腹を
軽減

生理的欲求
（一次的動因）

母親が不快を
軽減

母親に愛されたいという欲求
（二次的動因）

なぜ子どもは母親（または母親に代わる人物）に愛されたいと思うのでしょうか？　**シアーズ**は、空腹や、暑さ寒さを軽減したいといった乳児の**欲求**を母親（に代わる人物）が満たしてくれるため、乳児は母親に愛されたいと思うようになると考えました。このように、生理的欲求（一次的動因）を満たしてくれるから**二次的**に母親への**愛情欲求**が生じるという説を二次的動因説といいます。ただしこの説は、**発達心理学**の発展とともに、**ローレンツやハーロウ**らによって反論されることになります。

母親への愛情欲求
は二次的に
生まれます

それは
違います

VS

シアーズ
二次的動因説

ローレンツ
刷り込みP174

ハーロウ
代理母実験P175

ボウルビィ
愛着P176

刷り込み

意　味　特定の時期の刺激が半永久的に消えなくなること

メ　モ　一瞬で成立する刷り込みの現象は、刺激と反応を繰り返すことによって学習するオペラント条件づけ(P074)の理論では説明できない。※オペラント条件づけは二次的動因説(P173)のもととなる理論

ローレンツ
P026

動物学者の**ローレンツ**は、カモやアヒルのヒナが、卵から生まれた直後に目にしたものを自分の親と認識することを突き止めました。特定の時期に与えられた刺激が、反復的な学習を経ずに、半永久的に消えなくなることを刷り込みといいます。

発達心理学

刷り込みの現象を人間に適用すると、**特定の時期（敏感期）**までに自分の親が誰であるかが刷り込まれ、同時に親への**愛着**(P176)が生まれることになります。この考えは自分の欲求を満たしてくれるから二次的に母親への愛着が生まれるという**二次的動因説**(P173)を覆すものでした。

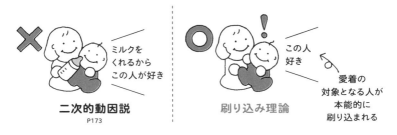

	代理母実験
ハーロウ P027	意　味　ハーロウが子ザルを用いて行ったスキンシップと愛着行動の関連性を証明する実験 メ　モ　乳児が母親(または母親に代わる人物)に愛着を抱くのは、スキンシップという身体的な接触による影響が大きいことが証明された

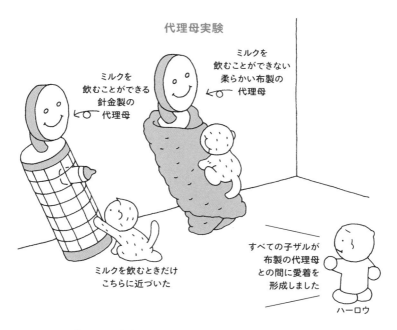

代理母実験

ミルクを飲むことができる針金製の代理母

ミルクを飲むことができない柔らかい布製の代理母

ミルクを飲むときだけこちらに近づいた

すべての子ザルが布製の代理母との間に愛着を形成しました

ハーロウ

ハーロウも「ミルクが欲しい」といった生理的欲求を母親(または母親に代わる人物)が満たしてくれるから、子は母親に愛着を持つという**二次的動因説**(P173)に疑問を持ちます。なぜなら、子ザルを使った代理母実験で、**温もりや肌触りが母親への愛着を生むこと**を突き止めたからです。

ミルクをくれるからこの人が好き

二次的動因説
P173

温もりや肌触りがあるからこの人が好き

スキンシップが大切

接触の快の理論

発達心理学

愛着

意　味	生まれてから1歳くらいまでに築く、特定の人との愛情的な信頼関係。スキンシップを中心とした相互作用によって培われる
メ　モ	乳児の生理的欲求を満たすだけでは愛着は生じないと考えたボウルビィは二次的動因説に反論した

ボウルビィ
P027

発達心理学

子どもは1歳ごろまでに、自分に安らぎを与えてくれる**養育者**（母親など）に強い愛情を示すようになります。**ボウルビィ**は特定の人物とのこうした愛情的な絆を愛着（アタッチメント）と呼びました。**愛着**を寄せられる人物がいるからこそ、子どもは安心して世界を探索し始めます。

ミルクを与えるだけでは愛着は形成されない

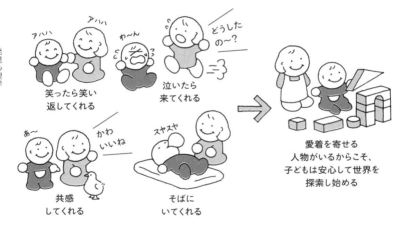

アハハ　アハハ
笑ったら笑い
返してくれる

わ～ん
どうしたの～？
泣いたら
来てくれる

あ～
かわいいね
共感
してくれる

スヤスヤ
そばに
いてくれる

愛着を寄せる
人物がいるからこそ、
子どもは安心して世界を
探索し始める

ボウルビィは、ミルクを与えるだけでは**愛着**は生まれないといいます。泣いたら来てくれたり、笑ったら笑い返してくれる**相互作用**の相手に乳児は**愛着**を持つのです。

ミルクを
くれるから
この人が好き

二次的動因説
P173

一緒に笑って
くれるから
この人が好き

愛着理論

相互作用
が大切

母性剥奪
<ruby>剥<rt>はく</rt></ruby><ruby>奪<rt>だつ</rt></ruby>

意 味	子どもが愛着から引き離された状態
文 献	『母子関係の理論』(ボウルビィ)
メ モ	実際の母親ではなくても、母親に代わる養育者がいれば心理学的に問題はない

ボウルビィ
P027

ボウルビィは、戦争孤児たちに精神的発達の遅れが生じていることに注目しました。そしてその原因が、幼少期における**養育者**(母親など)との離別にあると考えました。こうした**愛着**(P176)が欠如した状態を**ボウルビィ**は**母性剥奪**と名づけ、幼少期における**愛着**の対象になる人物の存在が、その後の人生にとっていかに大切かを強調しました。

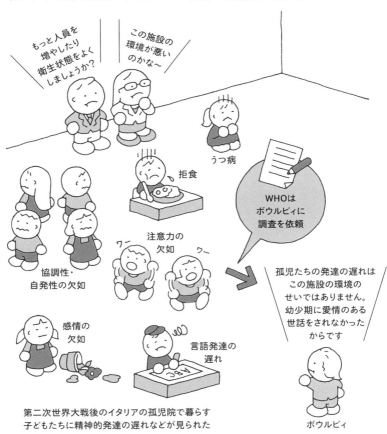

第二次世界大戦後のイタリアの孤児院で暮らす子どもたちに精神的発達の遅れなどが見られた

発達心理学

内発的動機づけ

意　味	行動を起こす目的が、行動そのものの魅力によるものであること
文　献	『内発的動機づけ‐実験社会心理学的アプローチ』(デシ)
メ　モ	内発的な行為であっても、報酬を与えると、報酬なしではやる気が低下してしまう心理現象をアンダーマイニング効果という

デシ
P037

行動主義(P072)の心理学者**スキナー**(P026)は、人の**行為**(自発的な行動)は、性格などの**内的要因**ではなく、報酬といった**外的要因**が引き起こすのだと考えました(オペラント条件づけP074)。

スキナーの外発的動機づけ
スキナーは、自発的行動も条件反射と同じく、
外的な要因が引き起こすと考えた

掃除をする　　　報酬を与える(外的な要因)　　　掃除の回数を増やす

デシの内発的動機づけ
デシは、行動そのものが目的になれば、
外的な要因がなくても自発的行動を起こすと考えた

掃除をする　　　行動そのものが目的となれば　　　掃除の回数を増やす
　　　　　　　　外的な要因がなくても…

後に**デシ**は、**無報酬**でも自発的な行動を起こすことがあると主張しました。それは人間が本来持っている**知的好奇心**によって、行動そのものに興味を持った場合です。行動そのものが目的となった一連の動きを、外発的動機づけに対して、内発的動機づけといいます。

内発的動機づけによる行動は持続する

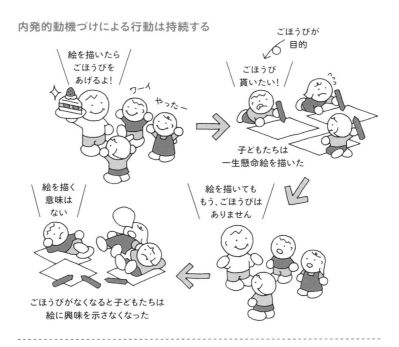

絵を描いたら
ごほうびを
あげるよ!

ワーイ
やったー

ごほうびが
目的

ごほうび
貰いたい!

子どもたちは
一生懸命絵を描いた

絵を描いても
もう、ごほうびは
ありません

絵を描く
意味は
ない

ごほうびがなくなると子どもたちは
絵に興味を示さなくなった

絵を描くのは
楽しいな!

描くこと自体が目的だと…　　描くことを続ける

しかも、人のやる気は、報酬を求めて行動するときよりも、行動そのものに興味を持った場合により強くなると**デシ**は主張します。子どもにごほうびを与える前提で絵を描かせると、その限りではたくさん絵を描きますが、ごほうびがなくなると絵に興味を示さなくなることがあります。

車を買うために
頑張るぞ!

ワーイ!

知的好奇心ではなく、
報酬だけを目的に仕事をすると
やがて仕事自体に興味がなくなる

その後

観察学習

意　味　他者の行動の観察によって学習すること

文　献　『モデリングの心理学−観察学習の理論と方法』（バンデューラ）

メ　モ　観察学習のような学習を社会的学習ともいう。行動主義 (P072)を否定する概念のひとつ

バンデューラ
P033

人間は社会規範の多くを直接教えられなくても模倣によって学んでいる

発達心理学

私たちは日常生活における習慣の多くを、他者の行動を観察することによって（無意識的に）学んでいます（ボボ人形実験P181）。**バンデューラ**はこれを**観察学習（モデリング）**と呼びました。**観察学習**において、モデル（観察の対象）が受ける賞罰は、**自分**（観察する側）の**強化**(P075)にもつながります。これを自分のかわりにモデルが**強化**を受けるという意味で代理強化といいます。

社会的な
生き物である人間は、
直接賞罰を受けなくても、
他人が受ける賞罰で学習できる

私たちは、直接**賞罰**（強化）を受けなくても、他人が賞罰を受ければ、その行動を学習できます。こうした事実は、**行動主義**(P072)が主張する**オペラント条件づけ**(P074)の理論では説明ができませんでした。

ボボ人形実験

意　味　バンデューラが行った幼児の攻撃行動に関する実験

メ　モ　この実験結果は、テレビやゲームなどの暴力的表現が、子どもに悪影響を与えることを示唆するが、暴力的な映像と攻撃性の間に因果関係があるかどうかは、明確な結論は出ていない

バンデューラ
P033

バンデューラは、ボボ人形と呼ばれる空気人形に対して、大人が殴る、蹴るといった攻撃的な行動を子どもに見せました。するとその行動を見た子どもは、大人と同様に人形に攻撃を加えるようになりました。一方、攻撃行動をしない大人と一緒の子どもは、攻撃を加えることはありませんでした。子どもは大人の行動を真似ることで学習していることがわかります（観察学習P180）。

ボボ人形実験

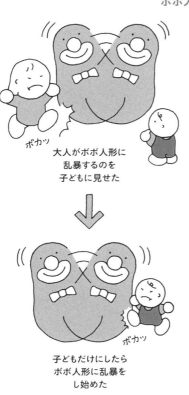

ボカッ

大人がボボ人形に
乱暴するのを
子どもに見せた

子どもだけにしたら
ボボ人形に乱暴を
し始めた

ボカッ

ボボ人形に対して
何もしなかったり
優しく接したりして見せた

子どもだけにしても
ボボ人形に乱暴は
しなかった

生成文法理論

チョムスキー P035	意 味　人間には言語獲得能力が生まれつき備わっているとする考え メ　モ　チョムスキーは、脳に言語獲得装置がある根拠として、幼児が 教えられていない文法を使いこなすこと、あらゆる言語には表面上は異 なっていても共通の普遍文法があることをあげている

発達心理学

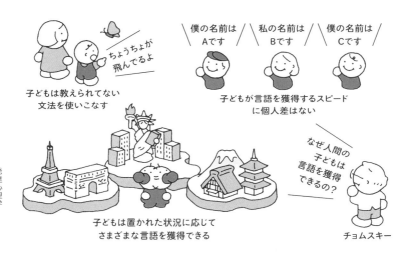

他の生物と違い、なぜ人間の子どもは、教えられてもいないのに、**文法に沿った言葉**を短期間で獲得することができるのでしょうか？

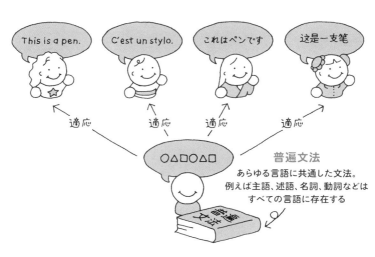

チョムスキーは、世界中のあらゆる言語には、共通した普遍文法という基本的な文法があるとしています。そして人間には、この文法を理解する機能が生まれつき備わっていると考え、この機能を言語獲得装置（LAD）と名づけました。

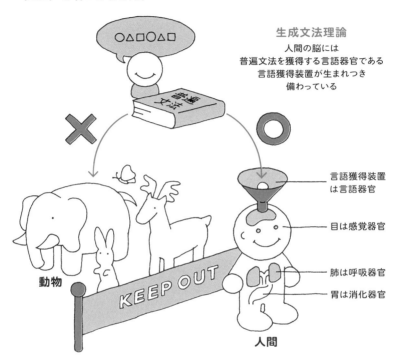

生成文法理論
人間の脳には
普遍文法を獲得する言語器官である
言語獲得装置が生まれつき
備わっている

言語獲得装置
は言語器官

目は感覚器官

肺は呼吸器官

胃は消化器官

動物

KEEP OUT

人間

言語獲得装置は、肺や胃などと同じ、生物学的な身体器官だとチョムスキーは考えます。そして他の身体器官と同じように発達すると主張しました。このような考えを生成文法理論といいます。

言語器官（言語獲得装置）は他の身体器官と同じように発達する

人間関係の心理学

私的自己意識
公的自己意識

バス P033

意味 他者から観察不可能な自分の内面についての意識が私的自己意識。他者から観察可能な自分の外面についての意識が公的自己意識

自分の感情、欲求、希望など、自分だけが感じている意識を**私的自己意識**といいます。また「自分が他者からどう見られているか」という「他者からの自分」を意識する状態を**公的自己意識**といいます。現代人は**公的自己意識**が過度に高い傾向があると**バス**は考えました。

自己意識
自分自身のことを意識すること

私的自己意識	公的自己意識
自分が何を考えているのか （感情、思考など）を意識すること	他者から見た自分 （容姿、振る舞いなど）を意識すること

僕は会議より、ひとり仕事が向いている

身だしなみはOKかな？

仕事を辞めて自分探しの旅に出よう

私的自己意識が高い人は人間関係には興味が薄い

みんな僕のことを

どう思っているかな？

公的自己意識が高い人は人間関係に敏感

人間関係の心理学

内的帰属｜外的帰属

意　味　出来事の原因が何であるかを求めようとすること
文　献　『対人関係の心理学』(ハイダー)
メ　モ　内的帰属をするか外的帰属をするかで、その後の感情や対
人行動に差が出てくる

ハイダー
P024

何か出来事が起きたら、私たちはその**原因**を探ろうとします。こうした心理を原因帰属といいます。人は、世界を何かしら整合性の取れるものとして捉えようとするため、帰属を行います。**ハイダー**は、出来事の原因を能力や性格など、自分の内的な原因に**帰属**することを内的帰属、周囲の状況や運など、外的な原因に**帰属**することを外的帰属と呼んで分類しました。

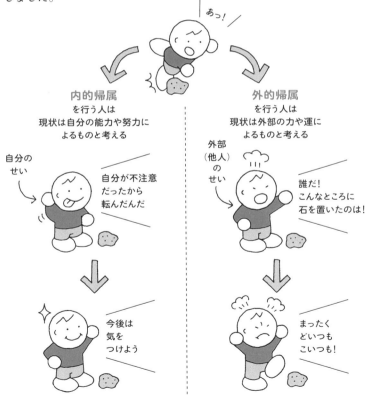

内的帰属をするか外的帰属をするかで、その後の感情や対人行動に差が出てくる

自己中心性バイアス

ロス P038	意　味　過去の事実を自分の都合のいいように改変し、解釈してしまうこと。他者よりも自分のほうが貢献度が高いと評価すること。 文　献　「利用可能性と帰属性における自己中心性バイアス」（ロス他） メ　モ　プライドが高い人ほどこのバイアスがかかりやすいとされる

ロスは「夫と妻が自分がどのくらい家事をしていると思っているか」という調査を行い、夫も妻も自分のほうが仕事量が多いと感じる傾向があることを確かめました。他者の行動よりも自分の行動をよく覚えていたり、他者よりも自分のほうが貢献度が高いと思うことを自己中心性バイアス（バイアス：偏り）といいます。

ロスの調査では、夫も妻も自分のほうが多く
家事をしていると思っている傾向があった

この調査によると、人は心の中では「みなさんのおかげです」とは思っていないことになります。

自己標的バイアス

意 味	自分が周囲から注目を集めていると感じること
文 献	「自己意識と自己標的の過知覚」（フェニングスタイン）
メ モ	実際よりも周りの人が自分に注目していると思っている過剰知覚のことをいう。一般にいう、自意識過剰のこと。

フェニングスタイン
P039

フェニングスタインは、教師がテストの答案用紙を返すときに「ひとりだけ成績が良くなかった生徒がいた」と告げると、50人中10人以上の生徒が自分のことだと感じることを明らかにしました。このように、自分が他人よりも、批判や注目を集めていると感じる心理を自己標的バイアス（バイアス：偏り）といいます。

人は誰でも自分のことを特別な存在と考えますが、周囲はそれほど気にしてはいません。

セルフ・モニタリング

スナイダー
P039

意　味　自分の状況、相手の状況を監視しながら人間関係を進めること
文　献　『カメレオン人間の性格』（スナイダー）
メ　モ　高モニターの人は、自分がどう見られているかが重要で、低モニターの人は自分の信念が重要

私たちは常に自分の状況を自分で**モニタリング**（監視）しながら人間関係を進めています。こうした行為を**スナイダー**は**セルフ・モニタリング**と呼びます。周囲に合わせる**高モニター**の人は、例えば就職活動において、みんなが羨ましがる会社を選びますが、周囲に合わせない**低モニター**の人は、会社の理念や事業内容などを重視するといえます。

高モニター
自分の行為が他人にどう
影響しているかに関心が高い。
つまり社会性が高い人

低モニター
自分の行為が他人にどう
影響しているかに関心が低い。
つまり個性的な人

高モニターの人は
他者・物事の社会性を重視

低モニターの人は
他者・物事の内面・内容を重視

高モニターの人は
他者の気持ちを重んじる

低モニターの人は
自分の気持ちを重んじる

セルフ・ハンディキャッピング

意　味　自尊心を守るため、失敗の言い訳をつくっておくこと
メ　モ　あらかじめ周囲に言い訳をしておくことを主張的セルフ・ハンディキャッピング、あらかじめ自分に言い訳をつくっておくことを獲得的セルフ・ハンディキャッピングという

ジョーンズ
P034

人は**自尊心**が傷つくことを嫌います。そこで、あらかじめ失敗の言い訳をつくっておくと、**自尊心**を傷つけずにすみます。これをセルフ・ハンディキャッピングといいます。人はあらゆる状況で、**セルフ・ハンディキャッピング**という**自己防衛**をしながら生きているのです。

周囲に対する セルフ・ハンディキャッピング	自分自身に対する セルフ・ハンディキャッピング

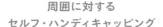

あらかじめ周囲に言い訳をしておく

あらかじめ自分に言い訳をつくっておく

自尊心が守られる

自尊心が守られる

191

ハロー効果

意　味	ひとつの目立つ特徴によって、人物全体に対して高い評価が印象づけられること
文　献	「心理的評価における一定のエラー」（ソーンダイク）
メ　モ	ハローとは後光という意味

ソーンダイク
P020

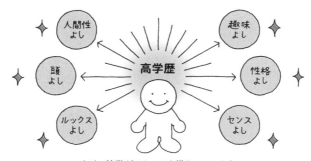

すごい特徴がひとつでも備わっていたら
全体の印象が良くなる

一流企業の社員という特徴を持っている人は、性格や趣味も含めて全体的に高い評価を受けることがあります。このように目立つひとつの特徴によって人物全体の評価が印象づけられることを**ソーンダイク**は**ハロー効果**と呼びました。**ハロー効果**に惑わされやすい人は、**固定観念や先入観（ステレオタイプ）**が強い人だとされています。

ニューカム P026	# 類似性の法則

意　味　似たもの同士が互いに好意を持つようになる
文　献　『社会心理学』(ニューカム)
メ　モ　「類は友を呼ぶ」という諺にもあるように、趣味でもスポーツでも、同好の士は互いに好意を持ち、友人や恋人になりやすい

ニューカムは、大学寮に入った学生を対象にした実験で、嗜好や言動が似ている者同士が仲良くなることを確認しました。これを類似性の法則といいます。

大学に入りたての頃は
隣の席の人や
同じクラスの人と
仲良くなるが…

やがて趣味が
似ている人同士で
グループをつくるようになる

類似性の法則を日常のコミュニケーションに応用した言動がミラーリングです。相手の言動を鏡のように真似て、相手との**類似性**を意図的につくり出せば、相手に好意を持たれる可能性があります。

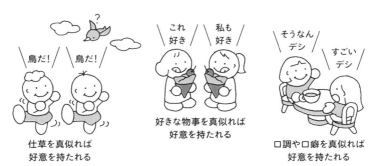

鳥だ！　鳥だ！

仕草を真似れば
好意を持たれる

これ好き　私も好き

好きな物事を真似れば
好意を持たれる

そうなんデシ　すごいデシ

口調や口癖を真似れば
好意を持たれる

193

認知的不協和

意　味　自分の考えと行動に矛盾（不協和）が生じたときの不快感のこと

文　献　『認知的不協和の理論』（フェスティンガー）

メ　モ　フェスティンガーは、認知的不協和が生じたとき、それをどのように解決するか（認知不協和理論）を単純作業と報酬の実験で確かめた

フェスティンガー
P031

受験に失敗するなど、自分の考えと行動に矛盾（不協和）が生じた場合、人は不快になります。こうした状態を認知的不協和と呼びます。**認知的不協和**が生じた場合、自分の行動を正当化するために自分の認知を修正してしまうことを**フェスティンガー**は突き止めました。

「すっぱいぶどう」の話は、認知的不協和によって認知が修正される典型的な例

194

社会的比較

意　味　他者との比較で自己を評価をしようとすること

文　献　「社会的比較過程の理論」(フェスティンガー)

メ　モ　人の自尊心やプライドは社会的比較によってつくられるとフェスティンガーは考えた

フェスティンガー
P031

私たちは自分の能力を評価する際、自分のことだけを見て評価する絶対評価と、他者と比較する相対評価という2つの基準で確かめようとします。人は、**絶対評価**をすると同時に、**相対評価**という社会的比較を行う傾向があります。

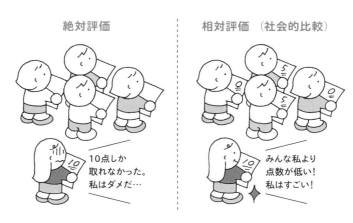

絶対評価

10点しか
取れなかった。
私はダメだ…

相対評価　(社会的比較)

みんな私より
点数が低い!
私はすごい!

フェスティンガーによれば、自分と他者との能力差が大きいほど、他者と比較しようとする傾向は減少するとされています。

人は社会的比較を
行う傾向がありますが、
他者との能力差が大きい
場合、その傾向は
減少します

人と比べても
しょうがない。
私は私だ!

フェスティンガー

自己評価維持モデル

意　味	対人関係における自己評価を維持しようとする心の働きを モデル化したもの
文　献	「自己評価維持プロセス」(テッサー)
メ　モ	同窓生などの成功を自分のこととして喜ぶことを栄光浴という

テッサー
P037

会社の同僚が自分よりも昇進したら、嫉妬することでしょう。ところが、画家の友人がコンクールに入賞したときは、自分のことのように誇らしく思うことがあります。人は、友人や知人のほうが、自分にとって重要な分野で優れているとストレスを感じますが、重要ではない分野で優れているとその人を誇らしく思います。**テッサー**はこうした心の動きを**自己評価維持モデル**として理論化しました。

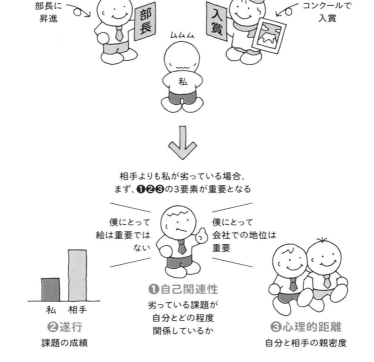

自己評価維持モデルの
概要

会社の同僚が
部長に
昇進

部長

入賞

友人の画家が
コンクールで
入賞

ムムム

私

相手よりも私が劣っている場合、
まず、❶❷❸の3要素が重要となる

僕にとって
絵は重要では
ない

僕にとって
会社での地位は
重要

私　相手

❷遂行
課題の成績

❶自己関連性
劣っている課題が
自分とどの程度
関係しているか

❸心理的距離
自分と相手の親密度

出世
したい！
自己関連性
高

彼は僕と
同期だ
心理的距離
近

自己関連性（①）が高く、
心理的距離（③）が近い場合

絵は重要
ではない
自己関連性
低

彼は
親友だ
心理的距離
近

自己関連性（①）が低く、
心理的距離（③）が近い場合

ストレス

くやしい〜！

栄光
浴

自分のこと
のように
嬉しい！

自己評価が高まる

❶❷❸のどれかを調整して
自己評価を維持しようとする

出世なんて
興味ない！

自由に
生きよう！

ポイ

ポイ

自己関連性（❶）を調整
課題に興味をなくす

もっと
頑張ろう！

彼とはもう
会わない

遂行（❷）を調整
努力して成績を上げる
または
相手の成績を低く評価する

心理的距離（❸）を調整
相手と距離を置く

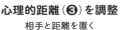

自己評価が維持される

リーダーシップ
状況対応理論

フィードラー
P032

意　味　集団の状況によって有効なリーダーシップが変化するという理論
文　献　『リーダー・マッチ理論によるリーダーシップ教科書』(フィードラー)

人間関係の心理学

カリスマ型のリーダー
目標に向かって強引に引っ張るタイプ

こんなときに
うまくいく!

課題が明確でリーダーと
フォロワーの関係が良いとき

課題が不明確でリーダーと
フォロワーの関係が悪いとき

調整型のリーダー
人間関係に気を配るタイプ

こんなときに
うまくいく!

課題が明確でリーダーと
フォロワーの関係が悪いとき

課題が不明確でリーダーと
フォロワーの関係が良いとき

つまり、状況がかなり良いときとかなり悪いときはカリスマ型のリーダー、
状況が良くも悪くもないときは調整型のリーダーがうまくいく

強いカリスマ性を持つ**リーダー**よりも、人間関係に気を配る民主的な**リーダー**のほうがうまくいく場合があります。集団の状況によってうまくいく**リーダーシップ**のスタイルが変化するという考えが、リーダーシップ状況対応理論です。この理論には、カリスマ型（課題遂行型）と調整型（人間関係型）の2種類の**リーダーシップ**があります。

権力の堕落

意　味	権限を持つ者が、他者の能力を低く評価して高圧的になること
文　献	「権力は堕落するか」(キプニス)
メ　モ	強い権限を持つ管理者ほど部下に細かく指示を出し、部下の能力を低く評価する傾向があることをキプニスは突き止めた

キプニス
P032

権限が強いと権力は堕落する

あれやれ
これやれ

あれするな
これするな

権力は利用したくなるので
強い権限を持つ管理職は
頻繁に部下に指示を出す

部下は
みんな
無能だ!

うまくいった
のはオレの
おかげだ!

やれやれ

部下は離れていく

成長は自分の指示によるもので
部下の能力によるものではないと
考えるようになる

人は強い**権限**を持つと、指示を与える相手の能力を低く評価したり、成果を自分の指示によるものと考えて、**自己評価**を高めようとします。こうした傾向を**キプニス**は権力の堕落と呼びました。**権力**を行使して業績を上げることは容易です。ですから権力者が横暴になることは珍しくありません。

権限が弱いと権力は堕落しない

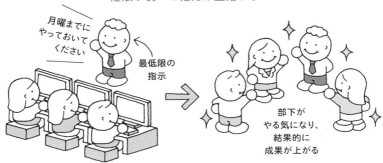

月曜までに
やっておいて
ください

最低限の
指示

部下が
やる気になり、
結果的に
成果が上がる

心理的リアクタンス

意 味	自分の自由が他者から侵害されたときに、自由を取り戻そうとする心理的抵抗
文 献	『心理的リアクタンス』（ブレーム）
メ モ	心理的リアクタンスはブーメラン効果(P201)を導出することがある

ブレーム
P034

「この映画はもうすぐ観られなくなる」と言われると、急にその映画を観たくなります。自分が所有しているはずの「観る」という**自由選択権**が、阻害されることに危機感を覚え、選択権を取り戻そうとするからです。自由が他者から侵害されたときに、自由を回復しようとするこうした心理的な抵抗を心理的リアクタンスといいます。

心理的リアクタンス

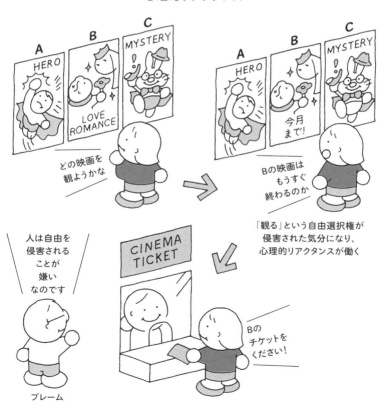

ブーメラン効果

意 味	説得者の意図が逆効果になること
文 献	「態度変容と社会的影響」(A・R・コーエン)
メ モ	ブーメラン効果は、被説得者の心理的リアクタンス(P200)や認知的不協和(P194)を解消しようとする心理によって引き起こされる

ブレームなど
P034

せっかく勉強をしようとしていても「勉強しなさい」と言われると、急にやる気がなくなります。これは、「勉強をする」という**自由選択権**の侵害に対する**心理的リアクタンス**(P200)が働いていると考えられます。このように、説得される人の**心理的リアクタンス**によって、説得者の意図が逆効果になることをブーメラン効果といいます。

ピグマリオン効果

ローゼンタール
P036

| 意 味 | 教師の期待感が生徒の学習結果に好影響をもたらすこと |
| メ モ | ラベリング(P248)がもたらす良い効果をピグマリオン効果、悪い効果をゴーレム効果という。なお、ピグマリオン効果は、提唱した人物の名から、ローゼンタール効果とも呼ばれる |

相手に対する**第一印象**は当たることがよくあります。その理由はこうです。例えば、第一印象で、相手が気さくに見えたとき、自分も相手に気さくに話しかけます。すると相手も気さくに対応します。結果的に「やっぱり第一印象は正しかった」となります。自分の第一印象に誘導されて、実際に相手が第一印象通りになるこのような現象は**予言の自己成就**(P247)と呼ばれる効果のひとつです。

予言の自己成就
佐藤さんの「気さくさ」は
実は鈴木さんがつくり出したものだが、
鈴木さんは自分の予測が
当たったと思い込む

はじめまして
鈴木です

はじめまして
佐藤です

佐藤さんは気さく
そうな人だ。
僕も気さくに
接しよう！

鈴木さんは
なんて気さくな
人なんだ。
僕も気さくに
話しかけよう

ど〜も
ど〜も

やっぱり僕が
予想した通り、
佐藤さんは
気さくな人だ

ど〜も、ど〜も
なんちゃって
ど〜も

202

予言の自己成就という効果は、学校教育においても大きな影響を及ぼします。**ローゼンタール**は、教師が生徒に対して期待を持つと、実際に生徒の学習結果に好影響をもたらすことを実験で証明しました。これをピグマリオン効果といいます。「この子は伸びる」と信じて子どもに接することが効果的といえそうです（ただし、この実験は信憑性に疑問が持たれている）。

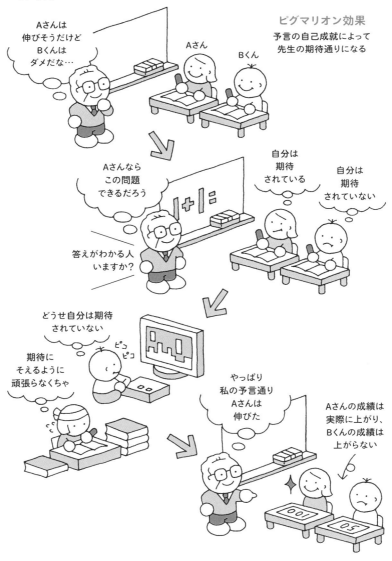

パーソナルスペース

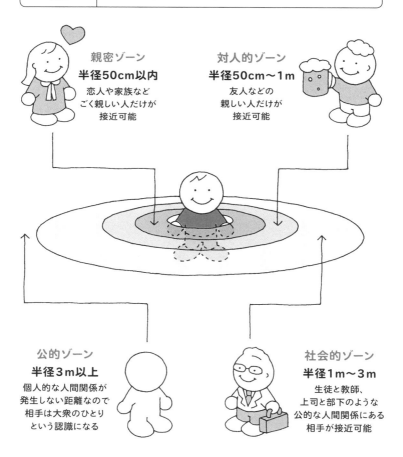

ホール
P030

意　味　自分の領域だと認識する空間のこと
文　献　『かくれた次元』(ホール)
メ　モ　パーソナルスペースの広さは、性別や文化、個人の性格などによっても異なるとされている

親密ゾーン
半径50cm以内
恋人や家族など
ごく親しい人だけが
接近可能

対人的ゾーン
半径50cm～1m
友人などの
親しい人だけが
接近可能

公的ゾーン
半径3m以上
個人的な人間関係が
発生しない距離なので
相手は大衆のひとり
という認識になる

社会的ゾーン
半径1m～3m
生徒と教師、
上司と部下のような
公的な人間関係にある
相手が接近可能

人は自分の周囲の**空間**を自分の空間だと認識しています。この空間のことをパーソナルスペース（個人空間）といいます。パーソナルスペースに見知らぬ他人が侵入してくると不愉快になりますが、親しい相手であればむしろ歓迎します。**ホール**は自分を中心にした**4つの領域**がパーソナルスペースとして存在すると考えました。

人間関係の心理学

204

ドメスティック・バイオレンス

ウォーカー
P038

意 味　夫や恋人から受ける暴力。DVとも呼ばれる

文 献　『バタードウーマン‐虐待される妻たち』（ウォーカー）

メ モ　DVを受ける女性のことをバタードウーマン（打たれ、殴られる
女性という意味）という

夫や恋人から受ける**暴力**（ドメスティック・バイオレンス）には、**3つ
の段階**があり、これを繰り返すと**ウォーカー**は考えました。**第1段階**の
緊張形成期は、ストレスが加害者に溜まっていく段階。**第2段階**の爆発
期は、加害者が被害者に暴力を加える段階。**第3段階**のハネムーン期（安
定期）は、加害者が被害者に謝罪して優しく接する段階です。

第3段階である**ハネムーン期**で被害者が加害者の優しさや弱さに触れる
と、被害者は加害者から離れられなくなると考えられています。

ＳＶＲ理論

意　味	恋愛における親密度をS、V、Rの3段階に分けて考える説
文　献	「身体的魅力と結婚選択」（マースタイン）
メ　モ	各段階で最も重要視される要素を順に並べて「ＳＶＲ」としている。ただし、どの段階でもＳ、Ｖ、Ｒはすべて意識されている

マースタイン
P035

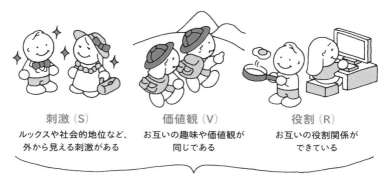

刺激（S）
ルックスや社会的地位など、外から見える刺激がある

価値観（V）
お互いの趣味や価値観が同じである

役割（R）
お互いの役割関係ができている

恋愛に重要な要素

カップルの親密度は、刺激（Stimulus）、価値観（Value）、役割（Role）の3段階に分けられるとマースタインは考えました。これをSVR理論といいます。**第3段階の役割ステージ**でお互いを支え合うことができると、真に親密な関係が結ばれます。この説によれば、**第1段階で結婚**するよりも**第3段階で結婚**したほうが、離婚に発展する可能性は低くなります。

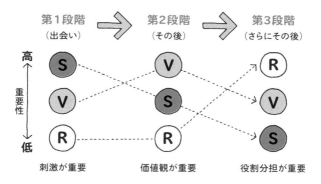

第1段階で結婚するカップルもあるが、第2、3段階で気持ちが
合わなくなると、離婚などに発展する可能性が高まる

メラビアンの法則

メラビアン
P037

意　味　言語、聴覚、視覚が相手の好意に影響を与える割合を示した
もの。「好意」や「反感」に関する言葉が語られた場合にのみ適用される
メ　モ　言語情報をバーバル・コミュニケーション、視覚・聴覚情報を
ノンバーバル・コミュニケーションという

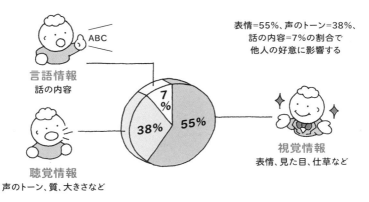

表情＝55％、声のトーン＝38％、
話の内容＝7％の割合で
他人の好意に影響する

言語情報
話の内容

聴覚情報
声のトーン、質、大きさなど

視覚情報
表情、見た目、仕草など

メラビアンによれば、**表情**などの**視覚情報**が、相手の第一印象に最も影響を与えます。次に大事なのは**声のトーン**などの**聴覚情報**です。話す内容はあまり重要ではありません。彼によれば、**視覚55％、聴覚38％、言語7％**の割合で相手に影響を与えます（**メラビアンの法則**）。

表情＝×　　話の内容＝◎
（賛賞）

君は賢い！
君は美しい！
素晴らしい！

キライ

声のトーン＝×

表情＝◎　　話の内容＝×
（悪口）

君はバカだ
君はブサイクだ
君はダメだ

ステキ

声のトーン＝◎

話の内容は相手にほとんど影響を与えない？

相手に好印象を持たれたければ、話の内容よりも表情や声といった**非言語的**な雰囲気に気を配るほうがよさそうです。

ドア・イン・ザ・フェイス法

チャルディーニ
P038

意　味　大きい要請を行ったあとに小さな要請を行う説得技術

文　献　『影響力の武器』(チャルディーニ)

メ　モ　セールスマンが訪問販売する際に、拒否されて目の前でドアが閉まることに由来する

拒否されることを前提に、わざと大きい依頼をして、その次に小さな依頼をすることで、小さな依頼を引き受けてくれる可能性を高める説得技術のことをドア・イン・ザ・フェイス法といいます。他人から何かをしてもらったら、お返しをしなければならないという人間心理（返報性の原理）を利用した説得方法だといえます。

ドア・イン・ザ・フェイス法

これ1000円
だよ〜

はじめに
高く設定

え〜
高い！

じゃ〜、もう、
200円
でいいよ！

次に値段を
下げる

ありがとう
買うわ

返報性の原理

「何かをしてもらった」と勘違いし、
「お返しをしなければ」と思い、商品を購入

フット・イン・ザ・ドア法

意　味	小さな要請を行ったあとに大きな要請を行う説得技術
文　献	『影響力の武器』(チャルディーニ)
メ　モ	セールスマンが訪問販売する際に、まずドアに足を入れさせてもらったあと、セールスを開始することに由来する

チャルディーニ
P038

ドア・イン・ザ・フェイス法(P208)とは逆に、最初に拒否しにくい小さな依頼を受諾させて、その次に大きな依頼をすることで、大きな依頼を引き受けてくれる可能性を高める説得方法のことを**フット・イン・ザ・ドア法**といいます。一旦決めたことは最後までやり遂げようとする心理(一貫性の原理)を利用した方法だといえます。

フット・イン・ザ・ドア法

見るだけで
いいから
見ていって!

拒否しにくい
小さな依頼をする

見るだけ
なら…

どう?
1本買っちゃ
いなよ!

次に大きな
依頼をする

そうね
買うわ

一貫性の原理
一度始めたことは最後まで
やり遂げようと思い、商品を購入

ロー・ボール法

チャルディーニ
P038

意　味　悪い条件を隠して要請を受諾させたあと、本当の要請を受諾させる説得術

メ　モ　フット・イン・ザ・ドア法と同じ一貫性の原理(P209)を利用した説得術

最初に不利な条件を隠して（取りやすい低いボールを投げて）要請を受諾させたあと、不利な条件を加えるという段階を踏むことで、本当の要請を受諾させる可能性を高める説得技術のことを**ロー・ボール法**といいます。**フット・イン・ザ・ドア法**(P209)と似ていますが、こちらは詐欺的な性質を含んでいるといえそうです。

ロー・ボール法

ロー・ボール法は主にセールスの現場で使用されます。よく知られているセールス方法は他に、松竹梅の法則や両面提示の法則などがあります。

松竹梅の法則を利用したセールス

中サイズが一番利益になる場合、それよりも小さいサイズと大きいサイズを合わせて陳列

どれにしようかな

極端の回避性
極端なものを避けようと思い商品を購入

大300円
中200円
小100円
だよ〜

中をください

両面提示の法則を利用したセールス

これおいしいよ〜

う〜ん

メリットだけでなくデメリットも提示する

相手や商品を信頼できるようになる。また、論理的に考えて商品を購入できる

この大根はすごくおいしいけど日持ちしなくてね〜

この人は信用できるわ。早めに食べればいいだけね

ラズラン
P025

ランチョン・テクニック

意　味　美味しい食事をしながら交渉すると、取引を有利に進めることができること

メ　モ　条件づけ(P069)学習においての連合の法則(何かの印象が無意識のうちに、異なる物事に結びついて記憶されること)を応用した技法

人間関係の心理学

料理が
美味しくない
場合

早く帰りたい。
なんでこんな人達と
一緒にいなきゃ
いけないの？

料理が
美味しい
場合

料理が美味しいと
会話も楽しい！
みんなといると
幸せ！！

美味しいものを食べると幸せな気分になり、そのときの会話や一緒にいた人の印象も良くなります。このように、何かの印象が、なんの関係もない物事に無意識のうちに結びつくことを連合の法則といいます。

我が社と
組めば…

ぜひ
やりましょう！

ラズランは、美味しい食事をしながら交渉すると、この**連合の法則**が働き、取引に良い効果をもたらすとしています。これを**ランチョン・テクニック**といいます。

おまたせ〜
うっ、
美しい！

景色の良い場所で
待ち合わせをすると、
背景の美しさが、
人の容姿と結びつく。
この場合も連合の法則が
働いている

つり橋効果

意　味	心臓がドキドキしているとき、ともにいる異性に好意を持ってしまうこと
文　献	「不安状況で性的魅力が高まる状況」（ダットン、アロン）
メ　モ	錯誤帰属（現象の原因を取り違えてしまうこと）による効果

アロンなど
P039

つり橋効果とは、**D・G・ダットン**（1943〜）と**アロン**が提唱した「異性と一緒につり橋にいると、その異性に好意を持つ」というものです。つり橋が揺れるとその恐怖で心臓がドキドキしますが、そのドキドキを恋愛感情が原因だと錯覚し、一目ぼれしたと思ってしまうのです。

何か現象が起きたら、人はその原因を探ろうとします（帰属P187）。けれどもときに、現象の原因を取り違えてしまうことがあるのです（錯誤帰属）。

デートは遊園地で！

スティンザー効果

意　味　アメリカの心理学者スティンザーが法則化した、小集団による会議で、相手との心理的関係により席を決める傾向
文　献　「対面討議集団における空間的効果」（スティンザー）
メ　モ　「スティンザーの三原則」とも呼ばれる

スティンザー
P031

スティンザーは、会議における人々の行動には、3つの共通した特徴があることを見出しました（スティンザー効果）。ひとつは、人は以前自分と口論した人の**正面**に座りたがる傾向があるとしています。

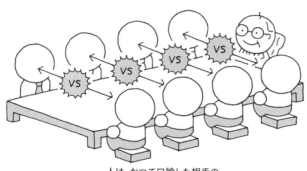

人は、かつて口論した相手の
正面に座りたがる

この人とは
かつて
口論した

この人の
意見は
警戒しよう

正面に座った人の意見には
注意が必要

2つめは、自分の発言の**次**に発言をする人は、自分とは**反対**の意見を言う傾向にあるとしています。

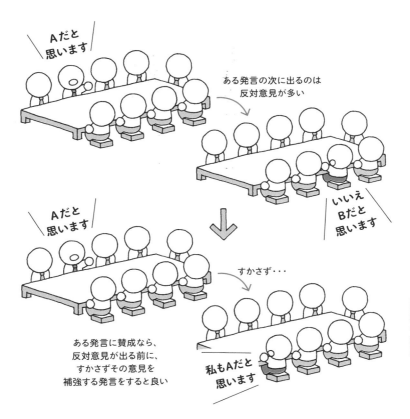

３つめは、**強いリーダーシップ**の下では、**隣の人**と話を交わす傾向があり、**弱いリーダーシップ**の下では、**正面**にいる人と話を交わす傾向があるとしています。

社会心理学

場の理論

意　味　人の行動は、生活全体の関係性によって決まるという理論
文　献　『社会科学における場の理論』(レヴィン)
メ　モ　ユダヤ人であったレヴィンは、民衆がナチスの全体主義に傾
倒していった理由をゲシュタルト心理学によって解明しようとした

レヴィン
P023

全体（ゲシュタルト）は要素の総和以上のものを生み出すと考えるのが
ゲシュタルト心理学(P082)です。

ゲシュタルト心理学では、全体は要素の総和以上のものを生み出すと考える。
例えば4本の線（要素）は、置かれた環境（場）に応じて、4本の線以上のものになる

レヴィンは**ゲシュタルト心理学**を**社会心理学**（人の意識や行動は、社会から
どのような影響を受けているか、また社会にどのような影響を与えているかを
分析する学問）に応用しました。人間の行動は個人の性格や欲望だけで決
まるわけではなく、個人が置かれた**場**(環境)に左右されます。これを**場の理
論**といいます。

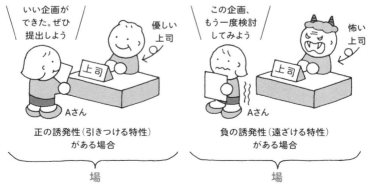

環境（場）が違えば A さんは異なる行動をとる。
つまりAさんの行動は、Aさん個人の性格ではなく、場に影響される

218

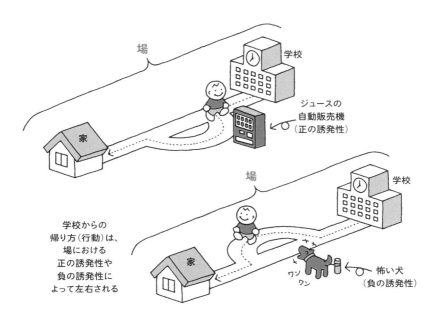

場における個人を引きつけたり遠ざけたりする特性を**誘発性**といいます。対象に引きつけられる正の誘発性と、対象から遠ざかろうとする負の誘発性は個人の言動に大きな影響を与えます。

人の言動は個人の特性ではなく、個人のポジションに左右される

個人の言動は、その人の頭の中にある集団や状況を全体的に把握することによって、はじめて理解できると考えるのが**場の理論**です。他者の言動を理解するには、その人の周りの環境を見る必要があります。

集団力学

意　味	場の理論を集団の行動解明に適用する研究分野
文　献	『グループ・ダイナミックス』(カートライトら)
メ　モ	集団力学はレヴィンにより提唱され、弟子のカートライトら により展開された

レヴィンなど
P023

場の理論(P218)を提唱した**レヴィン**は、**集団**は**個人**の**総和以上**のものを生み出すと考えました。**集団行動**には、一人ひとりの言動の集まりを超えたものがあるのです。

集団は
個人の総和とは
別のものを
生み出す

レヴィンは、**集団**に属する個人の言動を研究すれば、人々の社会生活の改善に役立てることができると考えました。そして彼は、自らの研究を集団力学（グループダイナミクス）と名づけました。

集団力学の例：その1
集団内での意思決定の傾向を研究

急いでるけど
青になるまで
待とう

みんなで
渡っちゃえ!

個人で決定するよりも集団で決定するほうが、
ハイリスク・ハイリターンな決定をする場合が多いことがわかった

集団力学の例：その2
集団には、どんなリーダーがふさわしいかを研究

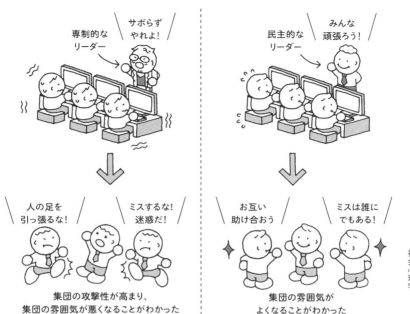

専制的な
リーダー

サボらず
やれよ！

民主的な
リーダー

みんな
頑張ろう！

人の足を
引っ張るな！

ミスするな！
迷惑だ！

お互い
助け合おう

ミスは誰に
でもある！

集団の攻撃性が高まり、
集団の雰囲気が悪くなることがわかった

集団の雰囲気が
よくなることがわかった

その後、弟子の **Ｄ・Ｐ・カートライト**（1915〜2008）らによって多くの**集団力学**に関する実験が行われました。**集団力学**は現在、**集団凝集性**や**集団圧力**、**リーダーシップ**（指導者としての資質や能力）、**意思決定過程**、**援助行動**といった分野に応用され、**集団心理学**と同じ意味で用いられています。

その他の集団力学

集団のルールに
逆らえなくなっていく
過程を研究

集団の中でリーダーシップを
発揮するための方法を研究

個人が、ひとつの集団に
まとまっていく過程を研究

社会心理学

221

集団的雰囲気

意　味	集団が持つ固有の雰囲気
文　献	『グループ・ダイナミックス』(カートライトら)
メ　モ	レヴィンは、ナチズムがどのようにユダヤ人迫害の雰囲気を つくっていったかを知るために、集団的雰囲気の実験的研究を行った

レヴィンなど
P023

集団が持つ固有の雰囲気のことを集団的雰囲気あるいは社会的雰囲気といいます。家風や校風などがわかりやすい例です。**集団的雰囲気**は、一度形成されると比較的長期にわたって継続する傾向があります。

お嬢様ばかりが
集まる校風

メシ！
フロ！

父親の意見が
絶対という家風

**さまざまな
集団的雰囲気**
集団が持つ
固有の雰囲気を
集団的雰囲気
という

地味なサークル

派手なサークル

自分の意見が言いやすい
社風（自由な社風）

自分の意見が言いにくい
社風

リーダーの性質によって集団的雰囲気は左右される

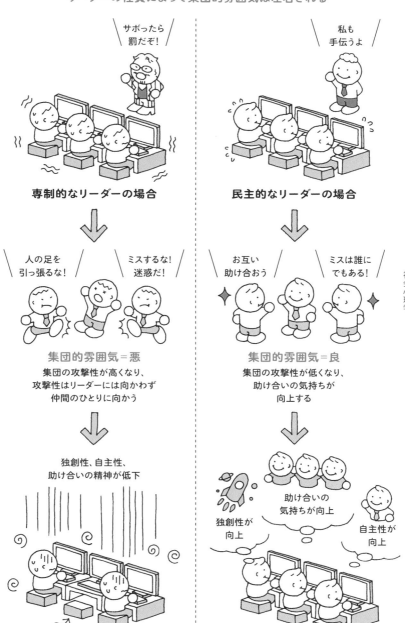

	コンフリクト
レヴィン P023	意　味　どちら（どれ）を選んでよいか決められない状態 文　献　『パーソナリティの力学説』（レヴィン） メ　モ　コンフリクトが長引くと、欲求不満（フラストレーション）の心理になる

人間の欲求は留まることをしりません。特に「痩せたいけどケーキも食べたい」というように、ひとつの欲求を満たすと、もう一方が満たされなくなる場合は厄介です。こうした状態を**コンフリクト**（葛藤）といいます。**レヴィン**は、人間が社会生活を送る上での**コンフリクト**を**3つのパターン**に分けて考察しました。

＋の誘因　　　　＋の誘因

❶接近（＋）と接近（＋）のコンフリクト

同じくらい魅力を持つ誘因の間で、
選択に悩む状態

同じ日に、違うパーティが2つある。どっちも行きたい

＋と＋の
コンフリクトの場合、
一度決めてしまえば
葛藤はなくなって
いくとされる

一の誘因   一の誘因

❷回避（−）と回避（−）のコンフリクト

同じくらい回避したいのに、一方を回避すれば、
もう一方におちいってしまう状態

努力したくないけど不合格も嫌だ

←　＋と＋の
コンフリクトよりも
葛藤から抜け出し
にくいとされる

＋と−の誘因

❸接近（＋）と回避（−）のコンフリクト

ひとつの目標が魅力的な面とそうでない面を持っているので
実行に移せない状態

飲み会は楽しいけど次の日が辛い

←　その他、
「食べたいけど
太りたくない」
「結婚したいけど
不自由は嫌だ」など

マージナルマン

意味	子どもでも大人でもない青年期の人たち
文献	『都市－人間生態学とコミュニティ論』(パーク)
メモ	「異なる文化の境界に生きる人たち」を指すパークの社会学 用語を、レヴィンが子どもでも大人でもない青年期の心理に適用した

レヴィンなど
P023

社会学者の**ロバート・E・パーク**(1864〜1944)は、いくつもの文化が並存する社会の中で、それらのどの文化圏にも完全に同化できずに、複数の文化に**不完全**に属している人々のことを**マージナルマン**(境界人)と呼びました。

「マージナルマン」は、パークが提唱した社会学用語だが、
のちにレヴィンが心理学に応用した

移民などの**マージナルマン**は、ある文化圏にはっきりと属していないため、自身に一貫した**アイデンティティ**を見出しにくくなります。けれども複数の文化の狭間に立つことで、それぞれの文化を客観的に捉えることができ、それらを融合した新しい価値や文化を生み出すことが可能です。

さまざまな文化を融合して新しいアートを完成させたよ

多文化を客観視できるマージナルマンは文化的、経済的に大きな成功を収めた人が多い

のちに**レヴィン**は、**青年期**（12歳～20代前半）特有の、子どもではないけれども大人にもなりきれていない、境界線にいる不安定な存在という意味でも**マージナルマン**という言葉を使用しました。

マージナルマン

ボクはどっちにも属していない

大人の世界

他者を出し抜いての出世

親離れ

駆け引きや取引

青年期

つきあい

本音と建前の使い分け

子どもの世界

自由気楽

友情

ピュアな精神

空想妄想

親密な親子関係

アノミー

意　味　大不況や大好況により、規律や道徳が欠如して欲求が肥大
化し、心理的混乱に陥ってしまう状態
文　献　『自殺論』（デュルケーム）
メ　モ　アノミーはギリシャ語で「無法律状態」という意味

デュルケーム
P019

次々と生まれてくる**欲望**は、通常、社会の規範や道徳によって抑えられています。しかし大不況やその反対である経済の急成長期などで社会が混乱すると、規範や道徳が機能しなくなり、人々の欲求は際限なく肥大化してしまいます。この状態を**アノミー**といいます。

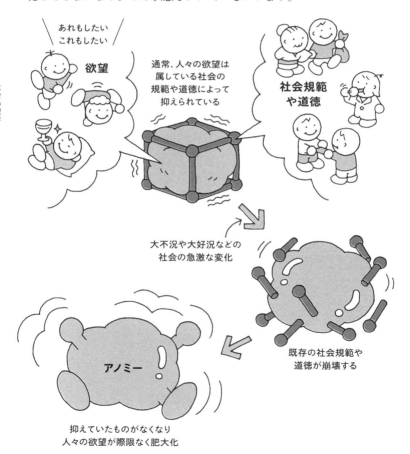

あれもしたい
これもしたい

欲望

通常、人々の欲望は
属している社会の
規範や道徳によって
抑えられている

社会規範
や道徳

大不況や大好況などの
社会の急激な変化

既存の社会規範や
道徳が崩壊する

アノミー

抑えていたものがなくなり
人々の欲望が際限なく肥大化

欲望が際限なく肥大化してしまうと、その欲求を叶える手段がないため、不満、焦り、絶望感などに襲われて混乱状態になり、**アノミー的犯罪**や、**アノミー的自殺**（P230）を招くことがあると**デュルケーム**は考えます。社会情勢が変化しがちな現代は**アノミーの時代**だといえます。

アノミー的犯罪とアノミー的自殺❶（好況→大不況）

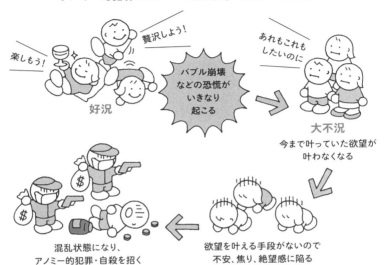

アノミー的犯罪とアノミー的自殺❷（不況→大好況）

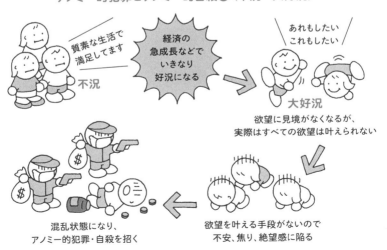

デュルケーム
P019

自殺の4類型

文　献　『自殺論』(デュルケーム)
メ　モ　デュルケームは❶自己本位的自殺と❷集団本位的自殺、❸アノミー的自殺と❹宿命的自殺をそれぞれ対立する組み合わせだと考えた

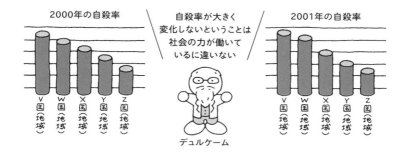

各国の自殺率の順位や数値は毎年大きく変化しません。もし**自殺**が純粋に個人的な行為だとしたら、各国の自殺率の数値や順位は年によって大きく異なるはずです。そこには個人の心理を超えた**社会**の力が働いていると考えられます。**デュルケーム**は個人的事情を超えた、自殺を招く社会的要因を自己本位的自殺、集団本位的自殺、アノミー的自殺、宿命的自殺の4つに分類しました（自殺の4類型）。

❶自己本位的自殺 (新しいタイプの自殺)
集団の結びつきが弱い社会で生じる自殺

❷集団本位的自殺

集団との結びつきが強すぎる社会で生じる自殺

責任を
とって
自殺しよう

みんなに迷惑を
かけてしまった。
自殺しよう

会社

地域社会

❸アノミー的自殺

大不況時に絶望したり、
逆に大好況時に欲望をコントロール
できなくなって生じる自殺

（アノミー P228）

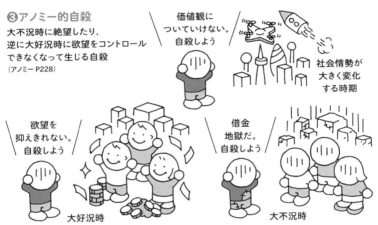

価値観に
ついていけない。
自殺しよう

社会情勢が
大きく変化
する時期

欲望を
抑えきれない。
自殺しよう

借金
地獄だ。
自殺しよう

大好況時

大不況時

❹宿命的自殺（古いタイプの自殺）

アノミーとは逆に伝統や慣習などで人を拘束する力が
強すぎる社会で生じる自殺

差別なんて
不条理な。
自殺しよう

もうやって
いけない。
自殺しよう

社会が
自殺の原因なら
そこを出られたら
（環境を変えられたら）
自殺しなくて
すむのです

デュルケーム

社会は人々に自殺を強要するほどの力を持って**存在**していると**デュル
ケーム**は考えました。

凝集性

意 味	集団がまとまる力の強さのこと
文 献	『自殺論』(デュルケーム)
メ モ	凝縮性の研究は、レヴィンが提唱した集団力学(P220)の主要なテーマとなった

デュルケーム
P019

集団がまとまる力の強さのことを**デュルケーム**は凝集性と呼びました。
凝集性が弱い社会では、個人は自由な半面、孤独感が強くなります。反対に**凝集性**が強いと、孤独感は弱まりますが、集団の規範や習慣を息苦しく感じてしまいます。

凝集性が弱い集団 (社会)

凝集性が強い集団 (社会)

 メリット

 デメリット

 メリット

 デメリット

自由だ!

孤独だ

孤独
じゃない

集団のルールや
習慣に縛られる

右へならえ…

成果が
出にくい

成果が
出やすい

自分の
思ったことが
言える

みんなと違う意見
を言いにくい

異議なし…

単純接触効果

意　味　ある対象を何度も見るうちに、その対象に好意を持つように
なること

メ　モ　単純接触効果は、提唱したザイアンスの名からザイアンス効
果とも呼ばれる

ザイアンス
P032

よく行く店の店員を何度も見るうちに、だんだんと親近感を覚えるように
なることがあります。また日常的によく聞く言葉は、好まれる傾向が
あります。このように、ある対象に何度も触れるうちに、その対象に好
意を持つようになることを単純接触効果といいます。

社会心理学

単純接触効果
（ザイアンス効果）

今度あれ
飲もう！

よく見るCMの
商品を試したくなる

よく行くコンビニの店員に
好意を持つようになる

席が隣の人に好意を
持つようになる

マクドナント

M

よく見る
広告の会社に
好感を持つようになる

人は対象に何度も
触れるだけで
好意を持ちます。
対象の個性は
関係ありません

毎朝見るアナウンサーを
好きになる

今日の
お天気です

ザイアンス

単純接触効果は対象の個性とは関係なく働きます。よって、この効果を
利用した広告戦略が多くの企業で採用されています。

ドライブ理論

意 味	周囲からの期待によって、力が促進または抑制されること
文 献	「社会的促進」(ザイアンス)
メ モ	本番で成功するか失敗するかは、日頃から練習を積み重ね、どれだけ多くの成功をしているかが鍵になる

ザイアンス
P032

周囲からの期待が集まることで、よりパフォーマンスを発揮することを社会的促進、逆に力が発揮できなくなってしまうことを社会的抑制といいます。この2つの現象は、どちらもドミナント反応によるものだとザイアンスは考えました。

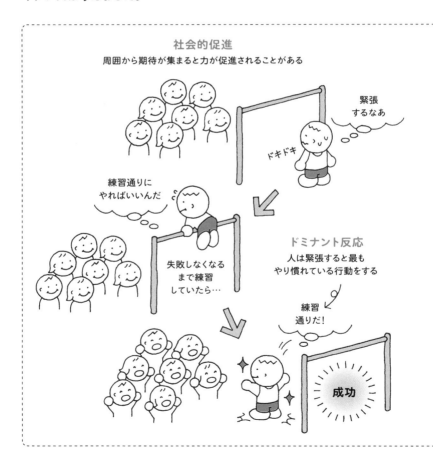

社会的促進
周囲から期待が集まると力が促進されることがある

緊張
するなあ

ドキドキ

練習通りに
やればいいんだ

ドミナント反応
人は緊張すると最も
やり慣れている行動をする

失敗しなくなる
まで練習
していたら…

練習
通りだ!

成功

ドミナント反応とは、緊張すると、そのときまでに最もよく行っていた行動をとる傾向を指します。**ドミナント反応**に基づいて、**社会的促進**や**社会的抑制**が発生する現象を<u>ドライブ理論</u>といいます。

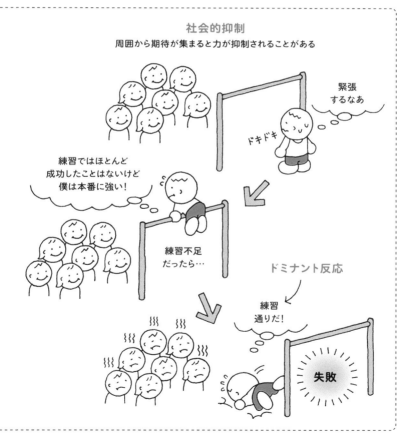

235

同調

意　味　周囲に合わせて自分の意思を変えること

文　献　「独立と同調の研究」（アッシュ）

メ　モ　ポーランドからの移民であるユダヤ系のアッシュは、ドイツ国民がナチズムに同調していく心理を研究した

アッシュ
P027

明らかに間違っている意見であっても、他人のほとんどが賛同した場合、自分もその意見に同調してしまうことがあります。**アッシュ**はこれを実験で証明しました。

同調行動の実験

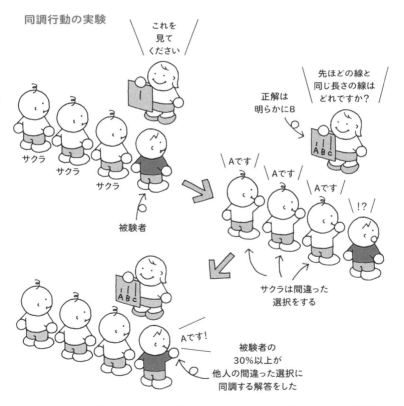

この実験は、集団の中で人と違った言動をすることが、どれだけ困難かを物語っています。個人の意見は意識的であれ無意識的であれ、多数派へと取り込まれてしまうのです。

集団圧力

アッシュ
P027

意　味　集団の意見や行動に同調するよう、個人に対して働きかける力
文　献　『意見と社会的圧力』(アッシュ)
メ　モ　アッシュは実験社会心理学を確立し、後にミルグラムの服従実験の研究(ミルグラム実験P264)に影響を与えた

アメリカに亡命していたユダヤ人の**アッシュ**は、当時のドイツ国民が**ナチズム**に**同調**(P236)していく状況を目のあたりにしました。彼は、集団に**同調**するように働く拘束的な力のことを**集団圧力**と呼び、**個人が集団圧力に屈していく原理**(斉一性の原理)を生涯の研究テーマとしました。

集団に**同調**する**同調行動**は、自分を集団から守るための**自己防衛行動**だといえます。だからこそ**集団圧力**に対抗することは非常に難しいと**アッシュ**はいいます。

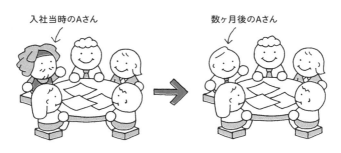

入社当時のAさん　　　　　　　　数ヶ月後のAさん

初頭効果 (しょとう)

意 味	最初の印象が全体の印象を決定づける現象
文 献	「性格の印象を形成する」(アッシュ)
メ モ	初頭効果は、一番アピールしたいセールスポイントを最初に話すことで買う気にさせるビジネステクニックとして利用されることがある

アッシュ
P027

アッシュは、ある人物の特徴を幾つか提示する実験で、知らない人に対する**印象**がどのように**形成**されるかを調べました。その結果、特徴が提示される**順序**が印象形成に大きな影響を与えることを発見しました。

左右の性格リストは、
内容はまったく同じだが順序が違う。
アッシュは、初めのほうに提示された情報が
全体の印象を決めることを突き止めた

Aさんは
ちょっと嫉妬深い
けど知的で勤勉
なのかぁ～

Aさんの
性格は
知的で
勤勉で
衝動的で
批判的で
強情で
嫉妬深い
です

Aさんの
性格は
嫉妬深くて
強情で
批判的で
衝動的で
勤勉で
知的
です

Aさんは
勤勉だけど
嫉妬深くて強情
なのかぁ～

Aさん

最初に提示された情報が全体の印象を決定づける現象を初頭効果といいます。**初頭効果**は**第一印象**の大切さを物語っています。

中心語

意　味	人物に対する印象が形成される際、中心的な働きをする言葉
文　献	「人の第一印象を決める温かさと冷たさの効果」(アッシュ)
メ　モ	印象形成において中心となる特性(語)は、文化や個人により異なる。ステレオタイプ(P192)の強い人は中心語に影響されやすい

アッシュ
P027

ある人物に対する**印象**が**形成**される際、例えば「温かい」とか「冷たい」という情報は、ほかの情報よりも重要視されます。こうした中心的な働きをする言葉を**アッシュ**は**中心語**と呼びました。

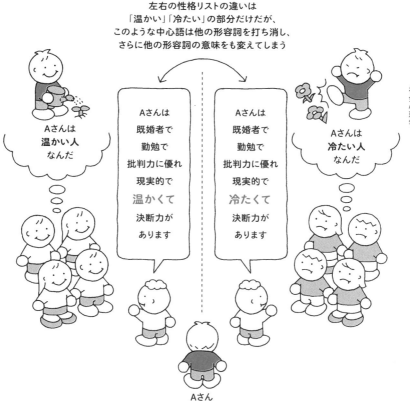

左右の性格リストの違いは
「温かい」「冷たい」の部分だけだが、
このような中心語は他の形容詞を打ち消し、
さらに他の形容詞の意味をも変えてしまう

Aさんは
温かい人
なんだ

Aさんは
既婚者で
勤勉で
批判力に優れ
現実的で
温かくて
決断力が
あります

Aさんは
既婚者で
勤勉で
批判力に優れ
現実的で
冷たくて
決断力が
あります

Aさんは
冷たい人
なんだ

Aさん

そして**中心語**が形容する特性が、他の特性を打ち消すどころか、意味をも変えてしまう効果を中心的特性効果といいます。

新近効果

意　味　最後に知らされた情報が全体の印象を決める現象
メ　モ　新近効果は、客が商品に強い関心を持っている場合、一番アピールしたいセールスポイントを最後に話すことで買う気にさせるビジネステクニックとして利用されることがある

アンダーソン
P033

社会心理学

アンダーソンの模擬裁判実験

アンダーソンは実際にあった事件をもとにして模擬裁判を行った

被告人に不利な
[1]～[6]の6つの
証言を持っている

検事

被告人に有利な
[A]～[F]の6つの
証言を持っている

弁護士

被告

陪審員

アンダーソンは、**最後**に認知した情報が全体の印象を決める場合があることを発見しました。これは新近効果と呼ばれ、**アッシュ**(P027)によって提唱された初頭効果(P238)とは逆の性質を示します。

ケース❶

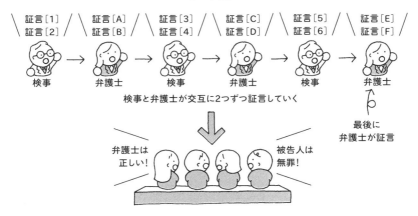

\ 証言[1] / \ 証言[A] / \ 証言[3] / \ 証言[C] / \ 証言[5] / \ 証言[E] /
\ 証言[2] / \ 証言[B] / \ 証言[4] / \ 証言[D] / \ 証言[6] / \ 証言[F] /

検事　→　弁護士　→　検事　→　弁護士　→　検事　→　弁護士

検事と弁護士が交互に2つずつ証言していく

最後に
弁護士が証言

弁護士は
正しい！

被告人は
無罪！

ケース❷

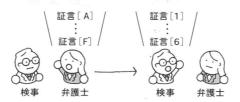

証言［A］
：
証言［F］

証言［1］
：
証言［6］

検事　　弁護士　　　→　　検事　　弁護士

弁護士が6つすべて証言し、その後検事が6つすべて証言する

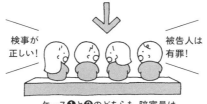

検事が
正しい！

被告人は
有罪！

ケース❶と❷のどちらも、陪審員は
最後に証言したほうに有利な結論を出した

印象形成（P238）には、対象にあらかじめ強い関心がある場合は**新近効果**が、対象に関心が薄い場合は**初頭効果**が有効とされています。

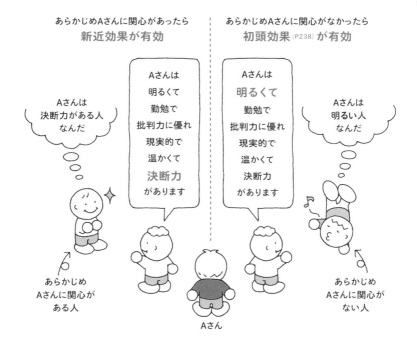

あらかじめAさんに関心があったら
新近効果が有効

あらかじめAさんに関心がなかったら
初頭効果 (P238) **が有効**

Aさんは
決断力がある人
なんだ

Aさんは
明るくて
勤勉で
批判力に優れ
現実的で
温かくて
決断力
があります

Aさんは
明るくて
勤勉で
批判力に優れ
現実的で
温かくて
決断力
があります

Aさんは
明るい人
なんだ

あらかじめ
Aさんに関心が
ある人

あらかじめ
Aさんに関心が
ない人

Aさん

社会心理学

権威主義的パーソナリティ

意　味	多数派や権威を受け入れ、少数派を排除する社会的性格
文　献	『自由からの逃走』（フロム）
メ　モ	ユダヤ人であったフロムは、ドイツ国民にファシズムが浸透してしまった原因を精神分析(P104)的に考察することに生涯を費やした

フロム
P025

現代人は伝統的・封建的な縛りから解放され、自由を手にしました。けれどもその結果、人はさまざまな絆から切り離され、自分の生き方を自分ひとりで決めなくてはならなくなりました。こうした不安や孤独に耐え切れなくなると、人は自分を縛る権威を進んで受け入れてしまいます。こうした性格を権威主義的パーソナリティといいます。

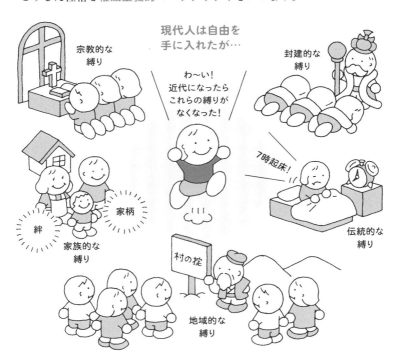

フロムは、ナチズム期のドイツ人を精神分析(P104)的に研究し、当時の人々にこの権威主義的パーソナリティという社会的性格(P244)を見出しました。ドイツ国民がナチズムへ傾倒した理由は、人々が自由だったからだと彼はいいます。

自由
だ〜！

他人との強い絆が
なくなった。
自分の生き方は
自分ひとりだけで
決めるのか…
不安で孤独だ！
何かに
所属したい

近代になって人は
さまざまな縛りから解放された

自由は孤独で
不安

カッコイイ！
僕も仲間に
入れて！

圧倒的な力に憧れ
それに従う欲望
（マゾヒズム）が目覚める

権威主義的
パーソナリティ
の誕生

悲しいことに
人は自由よりも
権威、絆、組織、
集団、規則といった
不自由のほうが
好きなのです

自由は
も〜いやだ！
カゴの中に
戻りたい

自由
からの
逃走

フロム

集団で弱者をいじめる
欲望（サディズム）に変化

社会的性格

意　味　特定の社会集団や文化の中で形成される性格的な傾向

文　献　『自由からの逃走』(フロム)

メ　モ　社会的性格には、非生産的と生産的性格がある。非生産的
性格は、受動的、搾取的、貯蔵的、市場的な性格に分けられる

フロム
P025

フロムは、社会や文化が個人の考え方や性格にどのように影響するかを考察しました。そして、所属する社会の政治や経済の仕組みに影響されて出来上がった性格を社会的性格と呼びました。**社会的性格**には**非生産的性格**と**生産的性格**があります。

非生産的性格
フロムは非生産的人間を❶〜❹の4類型に分けた

❶受動的な性格 (構え)
自分が求めるものは、すべて他者から与えられるものだと感じている。
常に愛されることを求め、他者の判断に頼ろうとする

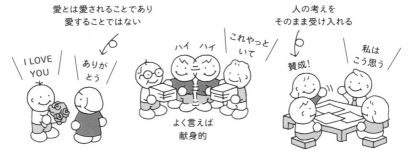

愛とは愛されることであり
愛することではない

人の考えを
そのまま受け入れる

I LOVE YOU　ありがとう　ハイ ハイ　これやっといて　よく言えば献身的　賛成!　私はこう思う

❷搾取的な性格 (構え)
自分が欲しいと思うものは、すべて他者から奪うものだと感じている

みんなしっかり働け!　壊れていたぞ!倍にして返せ!　うらやましい　キャー　キャー

ゴネた者勝ちという
発想をする

常に奪い取りたいと考えているので
他人のものを過剰評価する

❸貯蔵的な性格（構え）

他者を信用することができず、自分の周りに壁をつくって大事なものを守ろうとする

スバラシイ！
僕の
世界だ

今日は
割り
勘ね

私の好きな物が
いっぱい。愛とは
与えるものではなく
所有するものね

基本的に
ケチ

よく言えば
倹約的

❹市場的な性格（構え）

自分や他人を含むあらゆる物事を経済的（量的）な価値に置き換えて評価する。
現代においては最も多い類型であるとされる

この人と
付き合えば
得をしそうだ

恋人の価値は
他人の評価で
決まる

美人だ

いいな〜

この料理の
カロリー
は？

通常、
現代人の性格は
❶〜❹が
合わさって
できている

フロム

社会心理学

- -

生産的性格

積極的に自分の役割に向き合い、創造的、生産的な仕事をする。
そして他者に対しては、愛情と信頼を持って彼らの成長をたすけようとする

住む人のために
安全な家を
責任持ってつくろう

手伝おう
か？

ありが
とう

少しずつでいいから
生産的性格を
取り戻そう。
そのほうが
結局幸せ

人間は本来、
生産的性格を持つ生産的人間だが、
社会（環境）がそれを変えてしまうと
フロムは考えた

フロム

予言の自己成就
じょう じゅ

意 味	予言されたことの影響で、実際に予言通りになること
文 献	『社会理論と社会構造』(マートン)
メ モ	災害時にトイレットペーパー等が買い占められる現象は、しばしば予言の自己成就。尚、この考えはラベリング理論(P248)に影響を与えた

マートン
P029

特に根拠がなくても、「○○は良くなる」と思えば実際に良くなり、「○○は悪くなる」と思えば実際に悪くなることがあります。

次のページへ

社会心理学

こうした現象は人間社会特有のもので、自然界では起こりません。ハレー彗星の軌道を**予言**（予測）したところで、実際の軌道にはなんら影響を及ぼさないはずです。けれども人間だけは、他人や自分の**予言**に応じて自分の行動を決めてしまうので、結果的に**予言通り**の事態が起きてしまうのです。**マートン**はこれを**予言の自己成就**と呼びました。

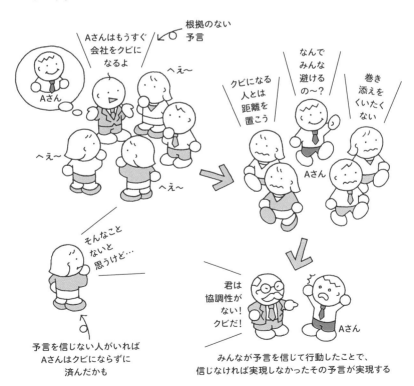

ラベリング理論

意　味	人が人にレッテルを貼って評価する過程とその影響に注目すること
文　献	『完訳アウトサイダーズ-ラベリング理論再考』（ベッカー）
メ　モ	社会から逸脱しているとみなされる悪いイメージのラベルをスティグマ(P250)という

ベッカー
P035

ベッカーは、犯罪などの逸脱行動を行った人に注目するのではなく、逸脱行動を行った人に対して周りが「この人は逸脱者である」という**ラベル**（レッテル）を貼る**過程（ラベリング）**に注目しました。こうした考えを**ラベリング理論**といいます。

妻以外の人と関係を持つ行為は…

「逸脱」は、行為そのものに付随しているのではなく、周りの意識の中にある

逸脱（犯罪や不良）は、行為そのものに付随しているのではなく、周り（社会）の意識の中にあります。

社会心理学

ですから「何が逸脱であるか」は時代や社会によって常に変化します。一度、周りが「逸脱」の**ラベル**を貼ると、貼られた人は逸脱者としてのアイデンティティをつくり上げてしまい、逸脱行動をさらに増やしていくことになります。

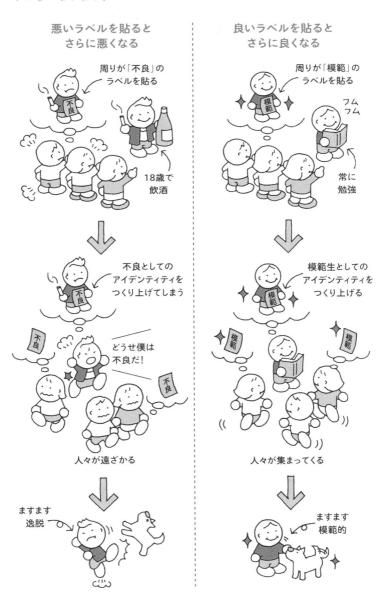

**悪いラベルを貼ると
さらに悪くなる**

周りが「不良」の
ラベルを貼る

18歳で
飲酒

不良としての
アイデンティティを
つくり上げてしまう

どうせ僕は
不良だ！

人々が遠ざかる

ますます
逸脱

**良いラベルを貼ると
さらに良くなる**

周りが「模範」の
ラベルを貼る

フム
フム

常に
勉強

模範生としての
アイデンティティを
つくり上げる

人々が集まってくる

ますます
模範的

スティグマ

ゴッフマン
P032

意　味　社会から逸脱しているとみなされるイメージのレッテル

文　献　『スティグマの社会学』(ゴッフマン)

メ　モ　ゴッフマンは、マイナスの効果を生むラベルをスティグマと呼び、それが差別や偏見、排斥を生み出すとしている

ラベリング(P248)には、良いイメージの**ラベル**と、悪いイメージの**ラベル**があります。このうち社会から逸脱しているとみなされる悪いイメージの**ラベル**を**ゴッフマン**は特に**スティグマ**（烙印）と呼びました。

良いイメージの
ラベル

真面目！

誠実！

逸脱！

怖い！

スティグマ

社会から逸脱している
とされるイメージのラベルを
スティグマという

ゴッフマンによれば、周りと違った特徴や属性を持つ人が差別されるような場合、その特徴そのものは**スティグマ**ではありません。その特徴によって人々から避けられるといった状況を生む要因が**スティグマ**です。

特徴や属性そのものがスティグマではない。
よって「スティグマを持つ者」は実在しない。「スティグマを押す」とは、
ある社会関係の中で、ある特徴や属性を差別すること

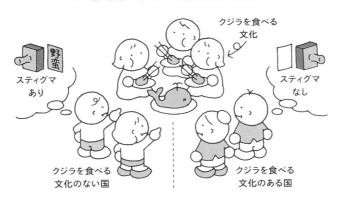

スティグマは、**社会**が生み出します。よって**スティグマ**を押された人や集団に対する偏見を社会が認めていることがあります。

例えば、ひとつの社会が
キリスト教以外の宗教を
危険認定してしまうこともある

ドラマツルギー

意 味	「人は社会の中で俳優のように自分の役割を演じている」という視点から人間心理を探求する方法
文 献	『行為と演技』(ゴッフマン)
メ モ	自己はその場の状況に合わせて役割を変え、絶えず変化している

ゴッフマン
P032

私たちはしばしば、他人に好印象を与えるような振る舞いを意図的に行います。こうした振る舞いを自己呈示または印象操作といいます。この振る舞いを演技と捉え、日常生活を舞台にした演技者としての人々を考察するのがドラマツルギーという視点です。

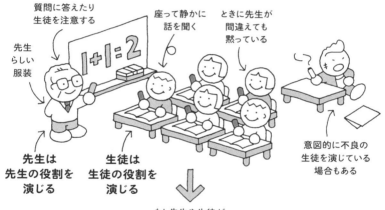

ドラマツルギーの視点から見た学校

質問に答えたり生徒を注意する

座って静かに話を聞く

ときに先生が間違えても黙っている

先生らしい服装

先生は先生の役割を演じる

生徒は生徒の役割を演じる

意図的に不良の生徒を演じている場合もある

もし先生や生徒が
それらしくない行動をしたり服装をしたりしたら、
「授業」「学校」という場が成り立たない

アーアー

ワーワー

ワー!

役割距離
子どもの家出のように
自分の役割に抵抗することを
役割距離という

日常における演技は、自分を思い通りに見せたいという個人的な欲求のためだけにあるのではありません。上司と部下、先生と生徒など、互いが自分の役割に沿った振る舞いをすることで、「職場」や「授業」といった自分の置かれている場の秩序を成り立たせています。私たちは、**演技者**として、また演技を受け取る**オーディエンス**として、相互作用を繰り返しながら、社会を保っているのです。

儀礼的無関心
エレベーターの中のような
不自然な状況の中で、
お互いに私たちは
「他人を意識しないふり」の
演技をすることで
その場の平静を保っている

私たちはしばしば、混み合った電車やエレベーターの中で、お互いにごく近くにいる他人を意識していないような演技をします。こうした儀礼的無関心も日常の秩序を保つ要因のひとつです。

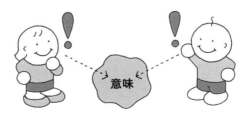

人々が物事の意味を解釈し、それに基づいた相互行為をすることで
社会は成り立つとするドラマツルギーの視点は、相互作用論とも呼ばれる

社会的交換理論

意　味	あらゆる人間関係や社会的行動の原理は交換だとする考え
文　献	『社会行動』(ホーマンズ)
メ　モ	交換の過程はオペラント条件づけ(P074)に基づく強化理論によって記述されるという特徴がある

ホーマンズなど
P028

社会学者の**ホーマンズ**は、あらゆる人間関係や社会的行動は、突き詰めれば交換であると考えました。例えば、AさんがBさんに高価なプレゼントを贈った際に、Bさんが喜んで微笑んでくれたとします。このプレゼントと微笑みの**交換**において、Aさんは高額なお金を支払うというエネルギーを消費しているのです。

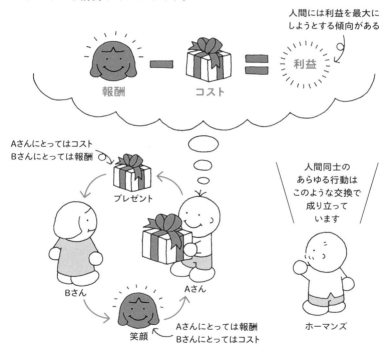

あらゆる人間関係や社会的行動の根本原理はこうした**交換**だとする考えを社会的交換理論といいます。そして**交換**に際して支払う価値は（心理的）コスト、受け取る価値は（心理的）報酬、報酬からコストを引いて残る価値は（心理的）利益と呼ばれます。

ホーマンズと同じく**社会的交換理論**を説く**U・G・フォア**(1916〜1990)と
E・B・フォア(1937〜)は、**交換されるもの（報酬・コスト）**は具体的に、
愛情、サービス、物品、金、情報、地位の6つだと考えました。

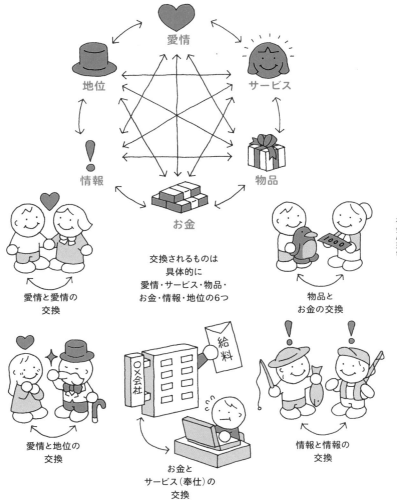

愛情

地位　　　　　　　　　　　　　サービス

情報　　　　　　　　　　　　物品

お金

交換されるものは
具体的に
愛情・サービス・物品・
お金・情報・地位の6つ

愛情と愛情の
交換

物品と
お金の交換

愛情と地位の
交換

お金と
サービス（奉仕）の
交換

情報と情報の
交換

給料

○×会社

社会心理学

社会的交換理論によれば、人間の心理には、なるべく低いコストで、な
るべく大きな報酬を得ようとする（利益を最大にしようとする）傾向があり
ます。そしてみんながその心理的傾向に無意識に従うことで、社会が成
立しているとしています。

マイノリティ・インフルエンス

モスコヴィッシなど
P033

意　味　多数者の意見を変化させる少数者の影響

文　献　『社会的影響と社会的変化』（モスコヴィッシ）

メ　モ　マイノリティ・インフルエンスには、モスコヴィッシの下からの
革新の他に、E・P・ホランダーが提唱した上からの革新がある

会議では通常、**多数派**の意見が通ります。ところがときに**少数派**の意見が**多数派**を揺るがします。革新的な発想は**少数派**の意見から生じることが多いからです。少数派の意見が多数派に影響を及ぼすことを**マイノリティ・インフルエンス**といいます。

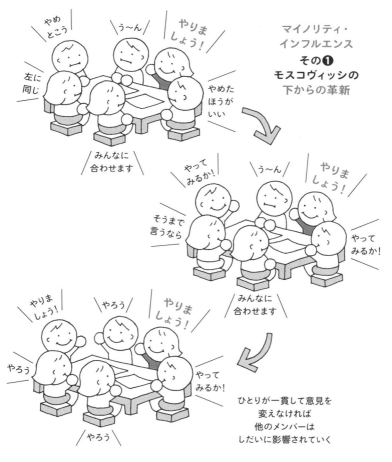

マイノリティ・
インフルエンス

その❶
モスコヴィッシの
下からの革新

ひとりが一貫して意見を
変えなければ
他のメンバーは
しだいに影響されていく

マイノリティ・インフルエンスには、**モスコヴィッシ**が提唱した下から
の革新の他に、**E・P・ホランダー**（1927〜）が提唱した上からの革新が
あります。

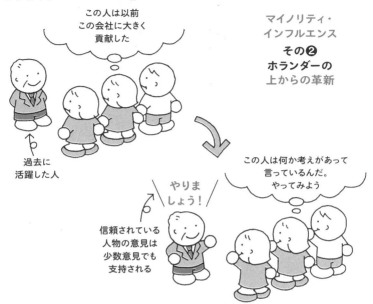

マイノリティ・
インフルエンス
その❷
ホランダーの
上からの革新

この人は以前
この会社に大きく
貢献した

過去に
活躍した人

この人は何か考えがあって
言っているんだ。
やってみよう

やりま
しょう！

信頼されている
人物の意見は
少数意見でも
支持される

マイノリティ・インフルエンスは、**少数者**が信念を持って意見を発信し
ていると**多数者**が確信したときに効力を発揮します。このとき**多数者**は
集団圧力（P237）からではなく、自分の意思で**少数意見**に同意します。

やりま
しょう！

よし、協力
するよ

この人は信念
を持っている

人は、
信念を持った
意見には
自ら
同意する

信じてみよう

やってみよう！

ホランダー　モスコヴィッシ

257

傍観者効果

意　味	傍観者の存在によって、援助行動が抑制されること
文　献	『冷淡な傍観者』（ラタネ）
メ　モ	傍観者効果と似た概念に、リンゲルマン（P019）が提唱したリンゲルマン効果（社会的手抜き）がある

ラタネ
P037

1964年、ある日の深夜、ニューヨークの住宅街でひとりの女性が殺されてしまいました。このときマンションからの目撃者が大勢いたにもかかわらず、誰ひとりとして彼女を助けようとはしませんでした。**ラタネ**は、自分以外に多くの目撃者がいると、自分が助けなくても誰かが助けるだろうという心理が働いてしまうと考えました。これを傍観者効果といいます。

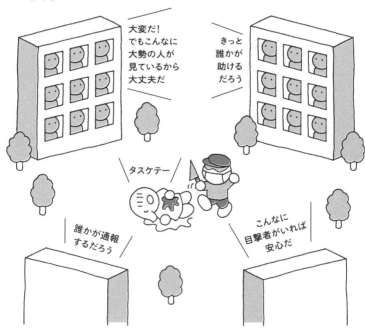

キティ・ジェノヴィーズ事件

1964年、深夜にキティ・ジェノヴィーズという女性が、
ニューヨークの住宅街で殺されるという事件が起きた。
このとき、誰ひとりとして彼女を助けようとはしなかった。
ラタネは、多くの傍観者がいたからこそ
キティさんは殺されてしまったと考えた

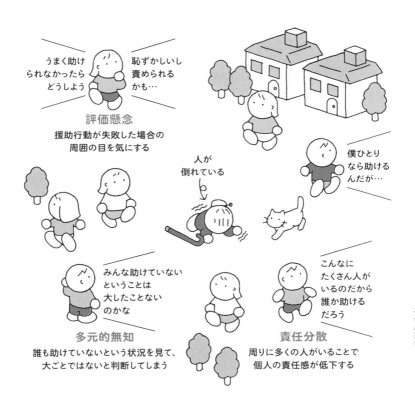

うまく助け
られなかったら
どうしよう

恥ずかしいし
責められる
かも…

評価懸念
援助行動が失敗した場合の
周囲の目を気にする

人が
倒れている

僕ひとり
なら助ける
んだが…

みんな助けていない
ということは
大したことない
のかな

こんなに
たくさん人が
いるのだから
誰か助ける
だろう

多元的無知
誰も助けていないという状況を見て、
大ごとではないと判断してしまう

責任分散
周りに多くの人がいることで
個人の責任感が低下する

傍観者効果が起こる理由に、周りに多くの人がいることで個人の責任感が低下する**責任分散**、誰も助けていないという状況を見て、大ごとではないと判断してしまう**多元的無知**、うまく助けられなかったときの周囲の目を気にする**評価懸念**があります。助けを求めるときは「誰か」ではなく、ひとりに的を絞ったほうが効果的です。

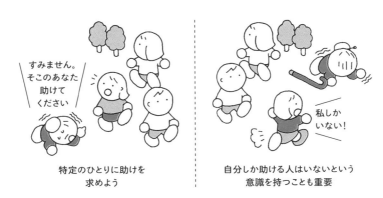

すみません。
そこのあなた
助けて
ください

特定のひとりに助けを
求めよう

私しか
いない！

自分しか助ける人はいないという
意識を持つことも重要

社会的インパクト理論

ラタネ P037	意 味　援助を受けようとする人の心理に対人インパクトが影響を与えるという説
	文 献　「社会的インパクトの心理学」(ラタネ)
	メ モ　人には、強い対人インパクトを受けるのを避ける傾向がある

どうしよう！

FREEZE

専門家　上司　同僚

誰に相談しようかな

適切でないと知りながら気楽な人に助けを求めてしまう

どうすればいい？　わからない

何かトラブルが起きたとき、一番確実な解決方法は、その道の専門家に相談することです。けれどもしばしば私たちは、専門家よりも先に、不適切と知りつつも、仲の良い同僚や友人に相談します。偉い人に相談すると**ストレス（対人インパクト）**がかかるからです。**ラタネ**はこれを社会的インパクト理論と呼びました。助けが必要なときでさえ、人は**ストレス**を避けようとするのです。

対人インパクトが強い相手

大勢

地位が高い相手　見える相手

対人インパクトが弱い相手

人はこちらを頼る

ひとり

相談 Q&A

地位が低い相手　見えない相手

社会的アイデンティティ

意 味　自分が何者であるかを所属している集団に求めること

文 献　「集団間差別の心理学」(タジフェル)

メ モ　対義語は個人的アイデンティティ(自分が何者であるかを集団ではなく、個人の経験や性格に求めること)

タジフェル
P030

人はときに、自分が何者であるかを自分の**個人的**な経験や性格に求めるのではなく、所属している**集団**に求めることがあります。このような**アイデンティティ**を社会的アイデンティティといいます。

所属している集団から高く評価されると
社会的アイデンティティ(「自分のアイデンティティは
自分の集団にある」という感覚)が強くなる

社会的アイデンティティは、自分の集団から評価されればされるほど強くなります。

ただし、個人的な**アイデンティティ**を持たず、**社会的アイデンティティ**だけが自分の**アイデンティティ**となってしまうと、**自分の集団**以外の他者に対する偏見や、みんなと違う個性に対する差別につながることがあります。

内集団バイアス

意　味	自分が所属する集団を好意的に捉えようとする心の働き
文　献	「社会的カテゴリー化と集団間行動」(タジフェル)
メ　モ	自分の家族や会社・学校・クラブの仲間、自分の出身郷土・出身校・居住地の人々などが内集団となる

タジフェル
P030

自分が所属していると自覚している集団を内集団、そうでない集団を外集団といいます。人には**内集団**に対して好意的な態度をとる傾向があります。これを内集団バイアスといいます。

身内や仲間を
大切にする気持ちは
もちろん大切。
ただし外集団に
不信感を持って
しまうと…

VS　外集団

内集団（自分が所属していると
自覚している集団）を好意的に
捉えようとする心の動きを
内集団バイアスという

内集団

外集団に対して敵対的になる

内集団以外の人を
差別するようになる

ポイ捨てや、
車両内での迷惑行為など
知っている人が見ていなければ
何でもアリになる

内集団バイアスは人間の自然な感情といえます。けれども**内集団バイアス**は**内集団以外**の他者を低く見る感情に変化し、偏見や差別を生むことがあります。

社会心理学

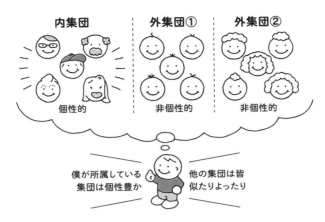

また、人は**内集団**のメンバーの個性は認めますが、**外集団**のメンバーは皆似たようなものだと認識してしまう傾向があります。これを**外集団均質性効果**といいます。**外集団均質性効果**もまた、偏見や差別を生む原因となることがあります。

服従の心理

意 味	権威に屈して、自分の意思に反する行動をとってしまうこと
文 献	『服従の心理』(ミルグラム)
メ モ	上司に従う自分は、自分自身ではなく上司の代役であると思い、どんな命令にも従ってしまうことを代理の心理という

ミルグラム
P036

ミルグラムは、権威者からの命令に対して、人がどのように行動するかを調べる実験を行いました（ミルグラム実験）。その結果、権威のある人から命じられれば、ほとんどの人が残酷なことでもしてしまうことを突き止めました（服従の心理）。

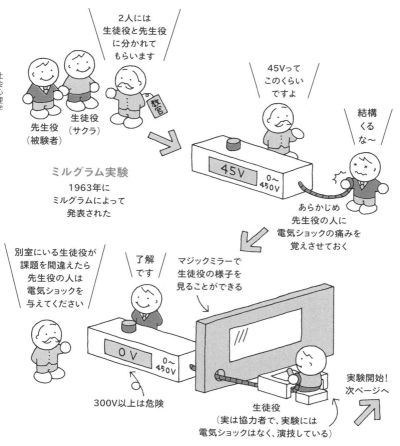

2人には
生徒役と先生役
に分かれて
もらいます

先生役
（被験者）

生徒役
（サクラ）

45Vって
このくらい
ですよ

結構
くる
な～

ミルグラム実験
1963年に
ミルグラムによって
発表された

45V

0～
450V

あらかじめ
先生役の人に
電気ショックの痛みを
覚えさせておく

別室にいる生徒役が
課題を間違えたら
先生役の人は
電気ショックを
与えてください

了解
です

マジックミラーで
生徒役の様子を
見ることができる

0 V

0～
450V

300V以上は危険

生徒役
（実は協力者で、実験には
電気ショックはなく、演技している）

実験開始！
次ページへ

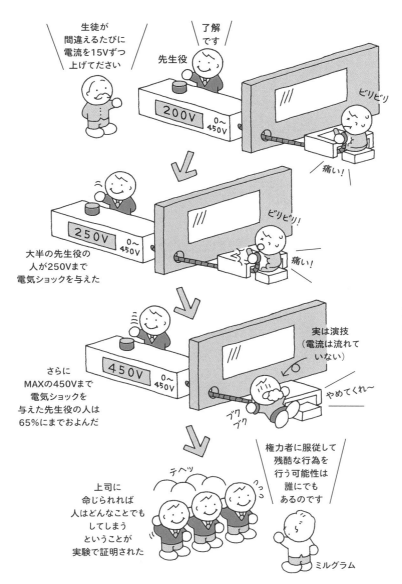

この実験は、ユダヤ人の虐殺に参加した**アドルフ・アイヒマン**（1906〜1962）をはじめとする、ナチスの戦犯たちの心理を検証するために行われました。そのため、アイヒマン実験とも呼ばれています。**アイヒマン**をはじめとする**ナチス**の戦犯は、決して異常者ではなく、ごく平凡な人たちであったことがわかります。

スモールワールド現象

意　味　知り合いの知り合いは6人目でつながるという説
メ　モ　「6次の隔たり」や「スモールワールド」という言葉は、他人同士のつながりを扱うソーシャル・ネットワーキング・サービス（SNS）を語る際にもよく使われる

ミルグラム
P036

「知り合いの知り合い」をたどっていくと、**6人目**で世界中の誰にでも行き着くことができるということを6次の隔たりといいます。**ミルグラム**はこれを実験で確かめました。ごく少ない人数を介して世界中の人々がつながっているこの現象をスモールワールド現象といいます。

ミルグラムのスモールワールド実験

ミルグラム　この手紙をX地域のYさんという人に手渡ししてください

Aさん　そんな地域行ったことないし、Yさんなんて知らないよ

Aさん　う〜ん旅行会社に勤めている友人のBさんにまず渡そう

これをYさんという人に渡してください

Bさん　Aさん

ASIA TRIP　EUROPE TRIP

これをYさんという人に渡してください

Bさん　Cさん

X地域によく行くBさんの部下の添乗員Cさん

右ページへ

社会心理学

つづき

これをYさんという人に渡してください

RESTAURANT

Cさん

Dさん

Cさんがよく行くX地域のレストランの店員Dさん

人は未知な物事に対して、実際よりも広く・大きく・強く・多く捉える傾向がある

ミルグラム

Dさんの店の客である大会社の社長Eさん

これをYさんという人に渡してください

ああ、YさんねOK

Dさん

Eさん

Yさんに手紙だよ

6人目でたどり着く

！

Yさん

Eさん

スモールワールド現象

思っているよりも少ない人数を介して世界中の人々がつながっている

人は**心理的**に、実際よりも**広く**世界を捉えていることがわかります。

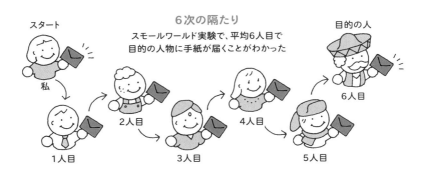

6次の隔たり

スモールワールド実験で、平均6人目で目的の人物に手紙が届くことがわかった

スタート

私

目的の人

6人目

1人目

2人目

3人目

4人目

5人目

ファミリア・ストレンジャー

意　味　何度か見かけたことはあっても、直接的な交流のない人物
文　献　『社会的世界における個人』(ミルグラム)
メ　モ　ミルグラムはひとりにつき平均4人のファミリア・ストレンジャーがいるとした

ミルグラム
P036

通勤電車でよく見かける人など、何度か見かけたことはあっても、話したことがない他人のことをファミリア・ストレンジャーといいます。**ファミリア・ストレンジャーは、知り合う機会はないけれど、お互いに関心を持っている関係にあるとミルグラムは考えました。ファミリア・ストレンジャーは、災害があった際に、援助行動を起こしやすい関係にある**といわれています。

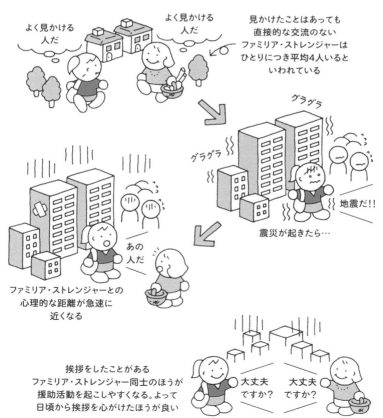

没個性化

意　味	群衆の中で、自分のアイデンティティが埋没してしまう状態
文　献	『ルシファー・エフェクト』(ジンバルドー)
メ　モ	没個性化は無責任で攻撃的な行動を起こすこともあるが、共同作業をする上では必要な心理的傾向もある

ジンバルドー
P036

ジンバルドーの匿名性と攻撃性の実験

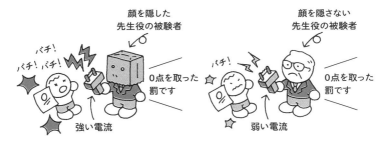

顔を隠した先生役の被験者は
隠さない先生役の被験者よりも強い罰を生徒役に与えた

自分の個性が、社会や集団の中に埋没してしまうことを没個性化といいます。人は没個性化すると社会に対する役割意識が薄れてしまい、無責任で衝動的な行動を起こしやすくなります。匿名になると、人は悪魔(ルシファー)になってしまうことをジンバルドーは実験で確かめました。

没個性化した人は無責任で衝動的

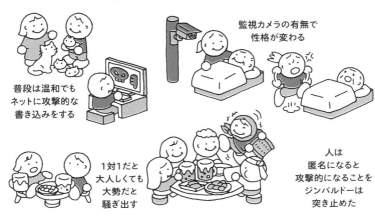

社会心理学

スタンフォード監獄実験

意 味	ジンバルドーが行った服従に関する模擬監獄実験
文 献	『ルシファー・エフェクト』(ジンバルドー)
メ モ	この実験は社会心理学の研究倫理を問うターニング・ポイントとなった。ただし、この実験は「やらせ」であったという説もある

ジンバルドー
P036

ひとつの空間で**権力**を持つ者と持たない者が一緒にいると、権力を持つ者が、権力を持たない者に対して暴力行為を始めることを**ジンバルドー**は実験で証明しました(スタンフォード監獄実験)。特筆すべきは、個人の性格は関係なく、権力を与えられただけでその人の理性が破綻してしまう点です。

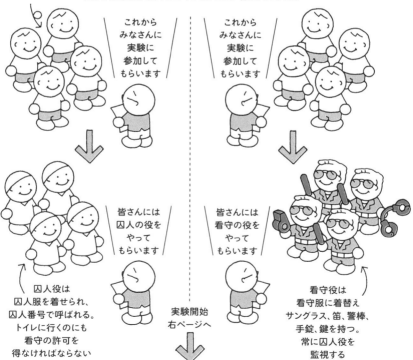

スタンフォード監獄実験
1971年にスタンフォード大学心理学部で、
ジンバルドーの指導の下に行われた。
この実験で、人間の行動は性格ではなく
置かれた状況に決められてしまうことが明らかになった

ランダムに集められた学生達

これからみなさんに実験に参加してもらいます

これからみなさんに実験に参加してもらいます

皆さんには囚人の役をやってもらいます

皆さんには看守の役をやってもらいます

囚人役は囚人服を着せられ、囚人番号で呼ばれる。トイレに行くのにも看守の許可を得なければならない

実験開始
右ページへ

看守役は看守服に着替えサングラス、笛、警棒、手錠、鍵を持つ。常に囚人役を監視する

囚人役

監視役

これから2週間
それぞれの
役割を演じて
もらいます

1番！
静かにしろ！
2番！
笑うな！

看守役は、
初めは囚人役に命令するのを戸惑っていたが、
やがて囚人役に対して、
役割以上に権力を振るうようになった

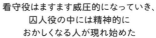

看守役はますます威圧的になっていき、
囚人役の中には精神的に
おかしくなる人が現れ始めた

看守役の中には
話が違うといって
抗議する人もいた…

実験は
中止
します

実験の継続は危険と判断され、
2週間の予定だった実験は、
6日後に中止された

実験と
わかっていても
人は権力を持つと
支配的になり、
権力者に対しては
服従してしまう

ジンバルドー

性格の心理学

性格

オルポートなど
P024

メ　モ　キャラクター(語源は「刻まれたもの」を意味する)は、生得的なニュアンスが強い。パーソナリティ(語源は「ペルソナ(仮面)」)は、社会的なニュアンスが強い。ただし、性格、気質、パーソナリティ、人格の定義は曖昧で、すべてを性格と呼ぶことも多い

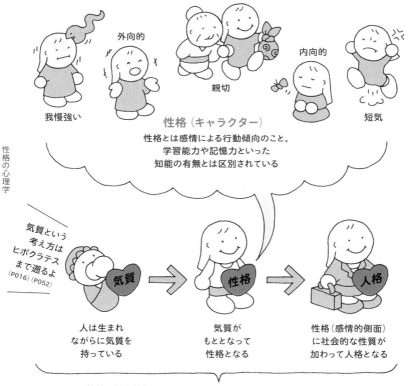

外向的

親切

内向的

我慢強い

短気

性格(キャラクター)
性格とは感情による行動傾向のこと。
学習能力や記憶力といった
知能の有無とは区別されている

気質という
考え方は
ヒポクラテス
まで遡るよ
(P016)(P052)

気質

性格

人格

人は生まれ
ながらに気質を
持っている

気質が
もととなって
性格となる

性格(感情的側面)
に社会的な性質が
加わって人格となる

性格に社会的側面を加えたものをパーソナリティや人格と呼ぶが、
パーソナリティや人格を性格と呼ぶこともある

学習能力や記憶力のような**知能的側面**ではなく、**外向的、我慢強い**といった**感情的側面の個性**は、気質という生まれながらの要因に基づいていると考えることがあります。この**気質**が生む個人の行動傾向を**性格(キャラクター)**といいます。そして、**性格に社会的に獲得した性質**を合わせたものを**パーソナリティ**、あるいは**人格**といいます。

オルポートなど
P024

類型論｜特性論

意　味　性格を質で分離するのが類型論で、量で分離するのが特性論。特性とは、さまざまな状況においてあらわれる一貫した行動傾向のこと。特性論では、性格は特性の集合体だと考える
メ　モ　実証的な学問としての性格分類は特性論が主流

個人の**性格**を理解するための考え方は、心理学的に大きく２つに分けることができます。ひとつは性格をいくつかの異なるタイプに分類しようとする**ユング**（P020）らが提唱した類型論。もうひとつは、**オルポート**が最初に提唱した特性論です。**特性論**は、社交性＝４、攻撃性＝２、**誠実性＝５**というように、誰もが持つ**行動傾向**（特性）をその人がどれくらいずつ持っているかを調べ、性格を**量的**に捉えようとする考え方です。

性格の心理学

性格類型論

例：クレッチマーの3気質（P276）

躁うつ気質

分裂気質　　　　粘着気質

性格をいくつかの
異なるタイプ（質）に
分類しようとする考え

私は性格を
内向型と
外向型に
分けました

ユング
P110

私は性格を
3つに分類
しました

クレッチマー
P276

私も性格を
3つに分類
しました

シェルドン
P277

私は性格を
価値観の
違いで分類
しました

シュプランガー
P278

性格特性論

例：ビック・ファイブ理論（P281）

神経症性

誠実性　　　　　開放性

協調性　　　　　外向性

個人が持つ各特性の数値を調べ、
性格を量的に捉えようとする考え

私は
特性論を
最初に
唱えました

オルポート

私は特性を
16個
挙げました

キャッテル
P280

私は特性を
3つに
絞りました

アイゼンク
P279

私は特性を
5個
挙げました

ゴールドバーグ
P281

クレッチマーの3気質

意　味　性格の中心を気質（生まれ持った性質）とし、性格（気質）には体型と関連した3類型があるとする類型論

文　献　『体格と性格』（クレッチマー）

メ　モ　性格と体型による分類法は、現在では支持されていない

クレッチマー
P023

精神分析学者の**クレッチマー**は、自身の臨床経験から躁うつ症と診断された人には肥満型が多く、統合失調症の人には痩せ型が多いことに気づきます。こうした傾向は健常者にも適用できると考え、人の性格を分裂気質、躁うつ気質、粘着気質の**3類型**（類型論P275）に分類し、**体型**との関連性を指摘しました。

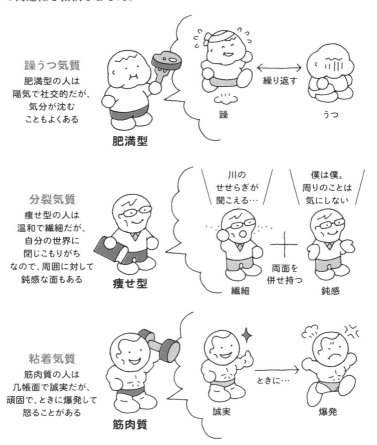

躁うつ気質
肥満型の人は
陽気で社交的だが、
気分が沈む
こともよくある

肥満型

繰り返す

躁　　　うつ

分裂気質
痩せ型の人は
温和で繊細だが、
自分の世界に
閉じこもりがち
なので、周囲に対して
鈍感な面もある

痩せ型

川の
せせらぎが
聞こえる…

僕は僕。
周りのことは
気にしない

繊細　両面を
併せ持つ　鈍感

粘着気質
筋肉質の人は
几帳面で誠実だが、
頑固で、ときに爆発して
怒ることがある

筋肉質

ときに…

誠実　　　爆発

胚葉起源説
<small>はい よう</small>

意　味　体格と気質には関連性があるという類型論
文　献　『気質の種々相』（シェルドン）
<small>しゅじゅそう</small>
メ　モ　精神疾患患者に基づいたクレッチマーの3類型に対し、シェルドンは、精神疾患のない人々を対象とした統計を重要視した

シェルドン
P025

クレッチマー（P023）の**類型論**（P275）をさらに発展させたのが**シェルドン**です。**シェルドン**は、実際に 4000 人の男子学生の身体を測定し、体型を内胚葉型、外胚葉型、中胚葉型の**3種**に分け、それに対応する気質として内臓緊張型、頭脳緊張型、身体緊張型を挙げました。

内臓緊張型
内胚葉が発達した肥満型は消化器官などの内臓の働きが活発。社交的で温かみのある性格

任せとけ

肥満型＝**内胚葉型**

頭脳緊張型
外胚葉が発達した痩せ型は大脳などの神経系の働きが活発。繊細で他人を気遣う性格

人に気を使いすぎるからひとりが好き

痩せ型＝**外胚葉型**

身体緊張型
中胚葉が発達した筋肉質の人は骨格や筋肉の働きが活発。行動的で忍耐強い性格

TOPを目指すぞ！

筋肉質＝**中胚葉型**

	価値類型
シュプランガー P021	意　味　性格を価値観の違いで分類する類型論 文　献　『文化と性格の諸類型』(シュプランガー) メ　モ　ドイツの思想家シュプランガーは、人をその人の生き方や何に価値を置いているかによって6類型に分類している

類型論(P275)の多くは、人の性格はある程度先天的に決められているとしています。けれども**シュプランガー**が唱えた価値類型は、後天的に形成される**価値観**の違いで人のタイプを分類しました。価値観が同じ人とは容易に理解し合うことができますが、違う人とは難しいとされています。

私は真理の探究に
価値を置いています。
物事を論理的に
考えます

①理論型

私は美の探求に
価値を置いています。
物事を感情的に
捉えます

②芸術型

私は効率的で
あることに価値を
置いています。
損得勘定で物事を
考えます

③経済型

私は偉くなることに
価値を置いています。
人を支配したいです

④権力型

私はピュアなもの
聖なるものに価値を
置いています。
宗教に関心があります

⑤宗教型

私は誰かの役に
立つことに価値を
置いています。
愛がすべてです

⑥社会型

性格の心理学

性格の3次元

意　味	性格の特性（要因）を3つの次元で捉える特性論
文　献	『MPI モーズレイ性格検査』（アイゼンク）
メ　モ	アイゼンクは、最初、性格を向性と神経症性の2次元で説明した が、後に精神病質を付け加え、3次元とした

アイゼンク
P030

情緒不安定

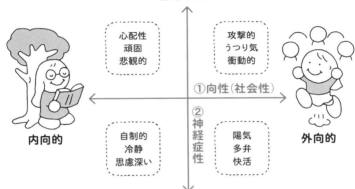

心配性
頑固
悲観的

攻撃的
うつり気
衝動的

①向性（社会性）

②神経症性

内向的

自制的
冷静
思慮深い

陽気
多弁
快活

外向的

情緒安定

オルポートの特性論（P275）は、
性格の特性を無数に挙げたが、
アイゼンクの特性論は、特性を
①向性（社会性）と②神経症性の
2次元（4区分）に絞った
（後にもうひとつ特性を加え、
3次元とした）

性格
検査

測定結果

アイゼンクは、人の性格は「内向的か外向的か」
と「情緒が安定しているか不安定か」の2つの
基本的な特性（因子）で構成されると考えました。
そしてこの2つがどの程度表れているかで個人
の性格を知ることができるとしました（性格の
2次元）。のちに彼は、この2つの特性に精神
病質（躁うつ―統合失調）という特性を付け加え、
3次元（3因子）としました（性格の3次元）。

現在では
計80項目の質問に
答えて性格を測定
（ MPI P285 ）

16特性因子論

意　味　表面特性の背後にある16の根源特性（知性、支配性、感情性、冒険性、繊細性、罪悪性、懐疑性、巧妙性、緊張性など16因子）で性格を捉える特性論

文　献　『性格の科学的分析』（キャッテル）

キャッテル
P027

キャッテルは、外から観察できない根源特性（基本的特性）を明らかにすることで、個人の性格が理解できると考えました。彼は**根源特性**を**16因子**挙げ、それぞれの強さを算出して性格を測定しました（**16特性因子論**）。

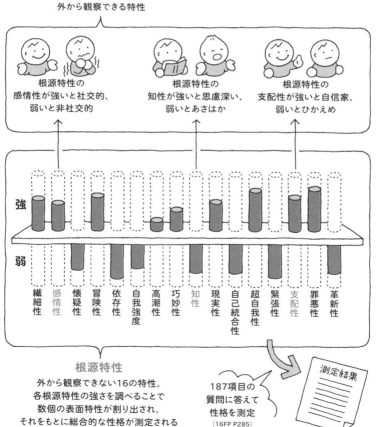

表面特性
外から観察できる特性

根源特性の
感情性が強いと社交的、
弱いと非社交的

根源特性の
知性が強いと思慮深い、
弱いとあさはか

根源特性の
支配性が強いと自信家、
弱いとひかえめ

強

弱

繊細性　感情性　懐疑性　冒険性　依存性　自我強度　高潮性　巧妙性　知性　現実性　自己統合性　超自我性　緊張性　支配性　罪悪性　革新性

根源特性
外から観察できない16の特性。
各根源特性の強さを調べることで
数個の表面特性が割り出され、
それをもとに総合的な性格が測定される

187項目の
質問に答えて
性格を測定
（16FP P285）

測定結果

性格の心理学

ビッグ・ファイブ理論

意 味	人の性格は5つの因子で構成されるとする特性論
文 献	「表現型性格特性の構造」（ゴールドバーグ）
メ モ	ビッグ・ファイブ理論はゴールドバーグの他にP・T・コスタ、R・R・マックレーなどの心理学者が提唱している

ゴールドバーグなど
P035

特性論（P275）の中で、多くの心理学者に支持されているのが、**ゴールドバーグ**らが提唱したビッグ・ファイブ（５大因子）理論です。それぞれの**特性因子**は、外向性、協調性、誠実性、神経症性、開放性の**５つ**。人の性格は、これら**５つの特性因子**で構成されていると彼らは考えました。

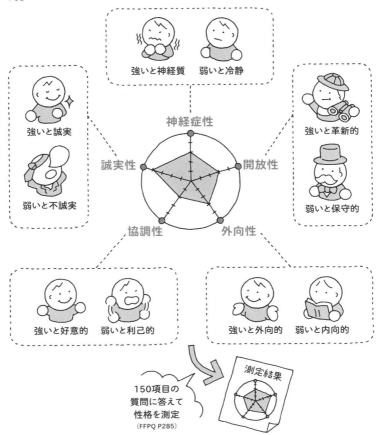

フラストレーション耐性

意　味　フラストレーションに耐える力
文　献　『攻撃行動とP-Fスタディ』(ローゼンツヴァイク)
メ　モ　フラストレーションとは、個人の欲求が阻止されてしまって
心理的に満たされない状態のこと

ローゼンツヴァイク
P028

思い通りにならないことがあっても苛立つことなく、我慢できる力をフラストレーション(欲求不満)耐性といいます。**フラストレーション耐性**は、適度な欲求不満を体験することによって養われます。

あれ
買って

ダメ

あれ
買って

ダメ

あれ
欲しい
けど

フラストレーション耐性は
適度なフラストレーションを
繰り返すことで養われる

子どもの反社会的な行動は、**フラストレーション耐性**が低い場合に生じやすいと考えられています。けれどもこの**耐性**は、自分が誰かに大事にされていることを実感したり、自尊心が養われたりすると高くなります。

3人分しか
ないよ〜

私は
他の人からは
大事に
されてるから
大丈夫

ケーキ
買って
きたよ〜

昨夜の
出来事

ローゼンツヴァイクは、**フラストレーション**に対して、その人がどんな反応をするかを調べることで、その人の性格を理解できると考えました。**特性論**(P275)の中にはこのように、ひとつの**因子**(特性)に注目して、性格を導き出そうというものもあります。

P-Fスタディ

ローゼンツヴァイクは、フラストレーション場面が描かれた絵の吹き出しにどんなセリフを入れるかで性格を検査した。これを P-Fスタディという

P=Picture （絵）
F=Frustration （欲求不満）

障害に対する反応

	障害そのものにこだわる（障害優位型）	誰の責任かにこだわる（自我防衛型）	問題の解決にこだわる（要求固執型）
他人や物を責める（他責型）	困っちゃうなあ！ 障害強調タイプ	お母さんのせいだ！ 攻撃タイプ	なんとか直して！ 解決依存タイプ
自分を責める（自責型）	勉強できるから壊れて良かった 障害合理化タイプ	仕方がない。僕のせいだ 自責タイプ	自分でなんとかするよ 努力タイプ
誰も責めない（無責型）	壊れても大丈夫 障害無視タイプ	誰も悪くないよ 容認タイプ	修理に出そう 慣習服従タイプ

（縦軸：**攻撃を向ける方向**）

障害に対する反応と、攻撃を向ける方向によって、9つの性格に分類

性格検査

> メ　モ　それぞれの性格検査には、長所と短所が存在する。例えば質問紙法は、実践は容易だが、偽って回答することもできる。投影法は、回答を偽っても意味はないが、検査者によって診断結果が異なるので、信憑性や妥当性を確かめることができない

性格を客観的に把握するために、性格検査が実施されます。主な性格検査には❶観察法、❷面接法、❸作業検査法、❹質問紙法、❺投影法があります。

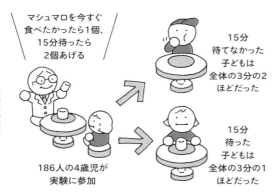

マシュマロを今すぐ食べたかったら1個、15分待ったら2個あげる

186人の4歳児が実験に参加

15分待てなかった子どもは全体の3分の2ほどだった

15分待った子どもは全体の3分の1ほどだった

❶観察法

行動を観察して性格を知る方法

【例】
マシュマロ実験

この実験を行ったウォルター・ミシェル(1930〜2018)によると、マシュマロの誘惑に耐えた子のほうが忍耐強く、将来、社会的に評価される大人になっていた

❷面接法

カウンセラーによる面談で性格を知る方法

会社はどうですか?

たまに自信がなくなります

❸作業検査法

計算や図の描き起こしなどの作業の結果から性格を分析する方法

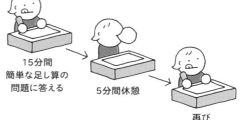

15分間簡単な足し算の問題に答える

5分間休憩

再び足し算を続ける

【例】
内田クレペリン検査

一人ひとりの作業曲線の違いから性格を知る方法

❹質問紙法

YES・NO形式などの質問紙の回答から性格を測定する方法

【例1】
主要5因子性格検査
（FFPQ）

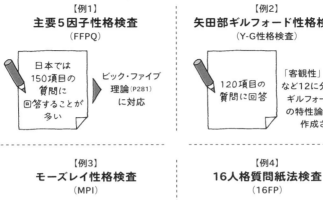

日本では150項目の質問に回答することが多い → ビック・ファイブ理論（P281）に対応

【例2】
矢田部ギルフォード性格検査
（Y-G性格検査）

120項目の質問に回答 → 「客観性」「協調性」など12に分類されたギルフォード（P024）の特性論を参考に作成された

【例3】
モーズレイ性格検査
（MPI）

80項目の質問に回答 → アイゼンクの特性論（P275）に対応

【例4】
16人格質問紙法検査
（16FP）

187項目の質問に回答 → キャッテルの特性論（P275）に対応

❺投影法

模様などを見て、思い浮かべた内容によって性格を探る方法

【例1】
ロールシャッハ・テスト

左右対称のインクのしみから、何を連想するかで性格や深層心理を探る

【例2】
P-Fスタディ（P283）

悪いのは君だよ

欲求不満場面が描かれた絵の吹き出しにどんなセリフを入れるかで性格を探る

【例3】
コッホのバウム（ツリー）テスト

1本の実のなる木の絵をどう描くかで性格や深層心理を探る。カール・コッホ（1906〜1958）が体系化した

バーナム効果

意　味　誰にでも当てはまる性格の記述を、自分だけに当てはまる記述だと思ってしまうこと。フォアの名にちなんでフォアラー効果ともいう

メ　モ　バーナム効果は、興行師であったP・T・バーナムの宣伝文句である「どんな人でも楽しめる」にちなんで、心理学者ミールが命名した用語

フォア
P029

血液型と性格に関連があるという科学的な研究結果はありません。にもかかわらず、日本で血液型性格分類を信じている人が多いのは、この**類型論**(P275)が当たっていると感じている人が多いからだと思われます。ここにはバーナム効果という心理現象が深く関わっています。

性格の心理学

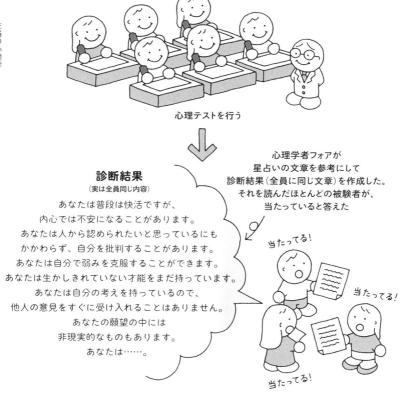

フォアによるバーナム効果の実験

心理テストを行う

診断結果
（実は全員同じ内容）
あなたは普段は快活ですが、
内心では不安になることがあります。
あなたは人から認められたいと思っているにも
かかわらず、自分を批判することがあります。
あなたは自分で弱みを克服することができます。
あなたは生かしきれていない才能をまだ持っています。
あなたは自分の考えを持っているので、
他人の意見をすぐに受け入れることはありません。
あなたの願望の中には
非現実的なものもあります。
あなたは……。

心理学者フォアが
星占いの文章を参考にして
診断結果（全員に同じ文章）を作成した。
それを読んだほとんどの被験者が、
当たっていると答えた

当たってる！

当たってる！

当たってる！

バーナム効果とは、誰にでも当てはまる性格の記述を、自分だけに当てはまる記述だと思ってしまうことをさします。フォアはこの効果を実験で証明しました（左図）。

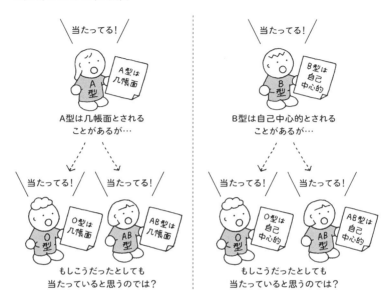

さらに、確証バイアスという認知の歪みも血液型類型や各種占いが支持される原因となります。確証バイアスとは、自分が信じていることに対して都合の良い情報ばかりを集め、都合の悪い情報を無視する人間心理をいいます。

確証バイアス

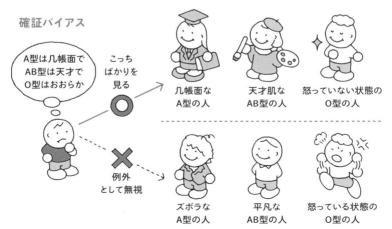

欲求階層説

意　味	人の欲求を5段階に分類し、発達的な階層構造として示した説
文　献	『人間性の心理学』(マズロー)
メ　モ	行動主義(P072)や精神分析(P104)に対し、マズローらは個人の主体性を重要視した第3の心理学である人間性心理学を提唱した

マズロー
P028

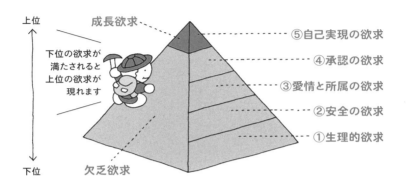

上位

成長欲求 ⑤自己実現の欲求

下位の欲求が
満たされると
上位の欲求が
現れます

④承認の欲求

③愛情と所属の欲求

②安全の欲求

①生理的欲求

下位

欠乏欲求

性格の心理学

マズローは人間の**欲求**を**5段階**に分類しました（欲求階層説）。この説によると、最も基本的な欲求は、食欲などの生理的欲求です。

①生理的欲求

寝たい

食べたい

排泄
したい

WC

そして**生理的欲求**がある程度満たされると、安全の欲求が生まれます。

②安全の欲求

家が
あれば
安心

これだけ
着込めば
安心

常に運動
していれば
安心

安全の欲求が満たされると、家族や仲間との親和関係を求めたり、何かの集団に所属したいという愛情と所属の欲求が生まれます。

③愛情と所属の欲求

家族に愛されたい

友達が欲しい

会社に所属したい

愛情と所属の欲求が満たされると、他者に認められたい、他者から尊敬されたい、尊重されたいという承認の欲求が生まれます。このレベルまでの欲求は、物を手に入れたり、他者に認められることで、心の緊張が緩和され、満たされます。

④承認の欲求

尊敬されたい！

認められたい！

すごい！

パチパチ

ノーベル賞

パチパチ

すごい！

すごい！

これらが満たされると最終的に、より創造的な目的を実現しようとする**自己実現の欲求**(P290)が現れます。

⑤自己実現の欲求

もっと平和に貢献したい！

もっと創造的に演奏したい！

自己実現の欲求

意　味	自分の中にある可能性を最大限に開発し、実現すること
文　献	『完全なる人間』(マズロー)
メ　モ	自己実現のために、何かに無心で打ち込んでいるときに体験できる歓喜の経験を至高体験という

マズロー
P028

例えば、初めは誰かに認められたくてピアノに取り組んでいたとしても、ある程度上達すると、ピアノを弾くこと自体が楽しくなります。すると、もっと美しい音を奏でたい、もっと創造的に表現したいと思うようになります。

それは自分の精神を成長させたいという要求であり、他人の評価に依存するものではありません。こうした欲求を自己実現の欲求といいます。

もっと美しく
もっと創造的に
もっと感動的に

自己実現の欲求

やがて他人の評価よりも
自己の成長を望むようになる

自己実現の欲求は
人間の欲求の
5段階目に
現れます
（P288）

自由自在だ!

至高体験

我を忘れて（無心で）何かに
没頭しているときの
歓喜の体験を至高体験という
（フロー体験とも呼ばれる）

マズロー

これが私の
生きる道

自己実現

性格の心理学

マズローは人間の究極的な欲求は、**自己実現の欲求**だといいます。全力で何かに打ち込み、人生の真の目標を悟ったとき、至高体験を通じて自己実現が可能になると**マズロー**は主張します。

主な参考文献

※原典は本文の各タイトル用語下に「文献」として記載

順不同

『心理学辞典』中島義明・子安増生・繁桝算男・箱田裕司・安藤清志・坂野雄二・立花政夫編　有斐閣

『心理学小辞典（有斐閣小辞典シリーズ）』大山正・藤永保・吉田正昭編　有斐閣

『社会心理学キーワード（有斐閣双書 KEYWORD SERIES）』山岸俊男編　有斐閣

『認知心理学キーワード（有斐閣双書 KEYWORD SERIES）』森敏昭・中條和光編　有斐閣

『臨床心理学キーワード（有斐閣双書 KEYWORD SERIES）』坂野雄二編　有斐閣

『発達心理学キーワード（有斐閣双書 KEYWORD SERIES）』内田伸子編　有斐閣

『心理学（New Liberal Arts Selection）』無藤隆・遠藤由美・玉瀬耕治・森敏昭著　有斐閣

『認知心理学（New Liberal Arts Selection）』箱田裕司・都築誉史・川畑秀明・萩原滋著　有斐閣

『臨床心理学（New Liberal Arts Selection）』丹野義彦・石垣琢麿・毛利伊吹・佐々木淳・杉山明子著　有斐閣

『社会心理学（New Liberal Arts Selection）』池田謙一・唐沢穣・工藤恵理子・村本由紀子著　有斐閣

『心理学・入門』サトウタツヤ・渡邊芳之著　有斐閣

『複雑さに挑む社会心理学』亀田達也・村田光二著　有斐閣

『性格の評価と表現 – 特性5因子論からのアプローチ』柏木繁男著　有斐閣

『新・心理学の基礎知識（有斐閣ブックス）』中島義明・箱田裕司・繁桝算男編　有斐閣

『認知心理学 – 知のアーキテクチャを探る 新版（有斐閣アルマ）』道又爾・北崎充晃・大久保街亜・今井久登・山川恵子・黒沢学著　有斐閣

『流れを読む心理学史 – 世界と日本の心理学』サトウタツヤ・高砂美樹著　有斐閣

『カウンセリング辞典』國分康孝編　誠信書房

『誠信 心理学辞典』下山晴彦・遠藤利彦・齋木潤・大塚雄作・中村知靖編　誠信書房

『対人社会心理学重要研究集〈1〉社会的勢力と集団組織の心理』齊藤勇編　誠信書房

『対人社会心理学重要研究集〈2〉対人魅力と対人欲求の心理』齊藤勇編　誠信書房

『対人社会心理学重要研究集〈3〉対人コミュニケーションの心理』齊藤勇編　誠信書房

『対人社会心理学重要研究集〈4〉環境文化と社会化の心理』齊藤勇編　誠信書房

『対人社会心理学重要研究集〈5〉対人知覚と社会的認知の心理』齊藤勇編　誠信書房

『対人社会心理学重要研究集〈6〉人間関係の中の自己』齊藤勇・菅原健介編　誠信書房

『対人社会心理学重要研究集〈7〉社会心理学の応用と展開』齊藤勇・川名好裕編　誠信書房

『イラストレート心理学入門 第2版』齊藤勇著　誠信書房

『図説 心理学入門 第2版』齊藤勇編　誠信書房

『個人のなかの社会＜展望　現代の社会心理学 I ＞』浦光博・北村英哉編著　誠信書房

『改訂新版　社会心理学用語辞典』小川一夫監修　北大路書房

『説得におけるリアクタンス効果の研究―自由侵害の社会心理学』今城周造著　北大路書房

『単純接触効果研究の最前線』宮本聡介・太田信夫著　北大路書房

『社会的アイデンティティ理論による黒い羊効果の研究』大石千歳著　風間書房

『印象形成における対人情報統合過程』川西千弘著　風間書房

『集団の心理学』磯貝芳郎著　講談社

『臨床心理士指定大学院対策 鉄則10＆キーワード100 心理学編』河合塾 KALS 監修
宮川純著　講談社

『最新 心理学事典』藤永保監修　平凡社

『心理学辞典』AndrewM. Colman 著　仲真紀子監修　岡ノ谷 一夫・泰羅雅登・中釜洋子・
黒沢香・田中みどり編　丸善

『心理学 第4版』 鹿取廣人・杉本敏夫・鳥居修晃編　東京大学出版会

『人間の四つの気質－日常生活のなかの精神科学』ルドルフ・シュタイナー著　西川隆範編
訳風濤社

『グラフィック学習心理学－行動と認知』山内光哉・春木豊編著　サイエンス社

『類似から見た心』大西仁・鈴木宏昭編著　共立出版

『恋愛の科学－出会いと別れをめぐる心理学』越智啓太著　実務教育出版

『集団内互酬行動としての内集団ひいき』神信人著　現代図書

『交換の社会学－G・C・ホーマンズの社会行動論』橋本茂著　世界思想社

『スモールワールド・ネットワーク－世界をつなぐ「6次」の科学』ダンカン・ワッツ著　辻竜平・
友知政樹訳　筑摩書房

『性格の理論（性格心理学新講座1）』本明寛編　金子書房

『心理学史』大芦治著　ナカニシヤ出版

『心理学史（心理学のポイント・シリーズ）』サトウタツヤ・鈴木朋子・荒川歩編著
学文社

『図説 フロイト 精神の考古学者』鈴木晶著　河出書房新社

『図説 ユング 自己実現と救いの心理学』林道義著　河出書房新社

『手にとるように心理学用語がわかる本』渋谷昌三・小野寺敦子著　かんき出版

『手にとるように発達心理学がわかる本』小野寺敦子著　かんき出版

『比べてわかる！ フロイトとアドラーの心理学』和田秀樹著　青春出版社

『図解雑学 人間関係の心理学』齊藤勇著　ナツメ社

『図解雑学 心理学入門』松本桂樹・久能徹監修　ナツメ社

『図解雑学 世の中がわかる！社会心理学』齊藤勇著　ナツメ社

『史上最強カラー図解 プロが教える心理学のすべてがわかる本』大井晴策著　ナツメ社

『臨床心理学 頻出キーワード＆キーパーソン事典』心理学専門校ファイブアカデミー著
ナツメ社

『面白いほどよくわかる！ 心理学の本』渋谷昌三著　西東社

『面白くてよくわかる！心理学入門』齊藤勇著　アスペクト

『10代からの心理学図鑑』マーカス・ウィークス著　ジョン・ミルディンホール監修
渡辺滋人訳　三省堂

『心理学大図鑑』キャサリン・コーリン著　小須田健訳　池田健用語監修　三省堂

『社会学用語図鑑』田中正人編著　香月孝史著　プレジデント社

『哲学用語図鑑』田中正人著　斎藤哲也編・監修　プレジデント社

『倫理用語集』濱井修監修　小寺聡編　山川出版社

『もういちど読む山川哲学―ことばと用語』小寺聡編　山川出版社

高等学校公民科倫理教科書　東京書籍／清水書院／山川出版社／数研出版

索　引

●監修者紹介
齊藤　勇

対人心理学者。立正大学名誉教授、大阪経済大学客員教授、ミンダナオ国際大学客員教授。
日本ビジネス心理学会会長。1943年生まれ。早稲田大学大学院文学研究科博士課程修了。
カリフォルニア大学留学。文学博士。専門は、対人・社会心理学。テレビ番組出演や著書
を通じて心理学の普及にも尽力し、「それいけ!! ココロジー」（日本テレビ）の監修を務めるなど、
心理学ブームの火つけ役となった。『心理分析ができる本』（三笠書房）、『図解雑学 見た目
でわかる外見心理学』（ナツメ社）、『イラストレート 人間関係の心理学』（誠信書房）、『誰と
でも会話が続く「相づち」のコツ』（文響社）、『男女がうまくいく 心理学辞典』（朝日新聞出
版）など、編・著書・監修多数。

●著者紹介
田中正人

1970年生まれ。ロンドン芸術大学・ロンドンカレッジ・オブ・コミュニケーション卒業。
MORNING GARDEN INC.において、グラフィックをメインとした書籍の執筆・編集・製作を
行う。著書に『哲学用語図鑑』『続・哲学用語図鑑』『社会学用語図鑑』（プレジデント社）
などがある。2011年グッドデザイン賞受賞。本書では、執筆・編集、イラストのディレクション・
下絵などを担当。

●イラストレーション
タッチ（作画）・フィニッシュワーク（ペン入れ）
玉井麻由子(MORNING GARDEN INC.)

ディレクション・絵コンテ（ネーム）・カラー
田中正人(MORNING GARDEN INC.)

●編集協力
橋本雅生

●ブックデザイン
田中正人(MORNING GARDEN INC.)

図解 心理学用語大全
人物と用語でたどる心の学問

2020 年 5 月 18 日 発 行	NDC140
2022 年 8 月 5 日 第10刷	

監修者　齊藤　勇

編著者　田中正人

発行者　小川雄一

発行所　株式会社 誠文堂新光社

　　　　〒 113-0033 東京都文京区本郷 3-3-11

　　　　電話 03-5800-5780

　　　　https://www.seibundo-shinkosha.net/

印刷所　株式会社 大熊整美堂

製本所　和光堂 株式会社